カで暮らすことなど夢にも思っていなかった妻を「五年だけ」と説得し、五歳の息子と九カ月の娘を連れての旅立ちであった。

以来、その約束は反古《ほご》になったまま、あっと言う間にすでに二十年以上の歳月が流れた。その間、人工知能とカメラの目をもつロボットやシステムの開発などさまざまな研究にたずさわることができた。

アメリカ大陸を自動運転して横断した車、火星探査や火口探査のためのロボット、自分で判断して飛ぶヘリコプター、固定カメラや飛行機からのカメラ追跡で広域を自動監視するシステム、現実を三次元のデータとして仮想化する部屋、スーパーボウルで使われた、プレーの周りをぐるっと回っているように見せる新しいビデオ再生システムなどである。

一九九一年から十年間は、ロボット研究所の所長として、この研究所を二百数十人の研究者を擁《よう》する世界で最も知られたロボットの研究機関に育てる機会も得た。『ウォール・ストリート・ジャーナル』紙は「ロボット研究所のおかげで」とわざわざことわって、ピッツバーグ市を全米で発展する一三の都市の一つに選び、「ロボバーグ」と名づけた。

アメリカの大学は形式を嫌い、自由な雰囲気を大事にするところである。同僚の教授も学生も、世界中から自国の文化をもって集まっている。若い大学院生やスタッフを指導して、と言うより彼らと一緒になって、新しいロボット技術の理論を考え、さまざまなシステムの開発をすることは、プレッシャーはあるものの、楽しい以外の何ものでもなかったと言える。

◉単純に考える

その間の研究生活を通して一番感じたことは、成功する考えの多くはきわめて単純明快なものだということである。アメリカの著名な学者は、世の中にごく普通に存在する問題を取り上げて研究の話を始める。

「こんなことができたら面白いと思いませんか」

「こんなことが不便だと思ったことはありませんか」

「人はどうしてこんなことができるのでしょうかね」と。

カーネギーメロン大学の重鎮だったH・サイモン教授は、経済学ではノーベル賞、心理学では日本の文化勲章にあたる大統領メダル、コンピュータ科学では最高のチューリング賞をもらい、現代のルネサンス人とよばれた人であった。彼はハノイの塔とよばれるパズルを使って、人の問題解決機能はどんな仕組みだろうかということを、とうとうと議論し続けるのが常だった。

難しい話や重要な発明も、その発想を聞いてみると「なーんだ、そのくらいなら自分でも考えたのに」と思うことがよくある。

実際、コンピュータ科学や技術での基本的な考えはきわめて単純で、時には素人的と思われるものである。現在のインターネットのもととなった一九六〇年代の最初のコンピュータネットワークのプロジェクトを始めたのはB・カーンという人である。アメリカ国防総省の先進研究プロジェクト推進機関（DARPA）のプログラムマネージャーであった彼の発想は、「コンピュータがつながっていれば、軍事的にはソ連の攻撃で一カ所のコンピュータが破壊されても大丈夫だし、経済的にはアメリカの西海岸と東海岸では三時間の時差があるから、計算の仕事を分散させるメリットがある」

という、なんだか浮世ばなれしたものであった。

また、コンピュータには「同期」とよばれる重要な技術がある。旅行エージェントや空港カウンターからそれぞれ勝手に、どんどん飛行機の予約をつけ加えたり、変更している場合のように、一つのファイル——つまり予約の元帳——を多くのプログラムが共有する必要がある時に用いられている技術のことだ。

あるプログラムがファイルを書き換えている最中に、ほかのプログラムがそのファイルを書き換えようとするのを許すと、結果としてファイルの内容に矛盾が起こる。ソフトウェア技術者が知っていないと大変困ったことになる、ややこしい現象である。

「同期」はこれを防ぐ高等な技術である。このための基本的な仕組みというのは、E・ダイクストラというソフトウェア科学の巨人が考えたセマフォというものだが、何のことはない、セマフォという言葉の意味するとおり腕木《うでぎ》信号機そのものである。

ある線路区間に列車が入るには、腕木が下がっていれば入ってよし（つまり、ファイルに書き始めてよし）、ただし、入る時にはそれを上げて入ること。上がっていれば入らない。区間から出る（つまり、書き終わった）時には腕木を下げて次の列車が入れるようにする、というあれである。難しく見えるが、腕木信号機の機能をコンピュータ上に実現したものにすぎない。

◉素人発想、玄人実行

発想は、単純、素直、自由、簡単でなければならない。そんな、素直で自由な発想を邪魔するものの一番は何か。それはなまじっかな知識——知っていると思う心——である。知識があると思うと、物知り顔に「いや、それは難しい」「そんなふうには考えないものだ」と言う。私などのように、大学の教授とよばれる職業の人間はつい、「その考えはね、君、何年に誰それがやったけれどうまくいかなかったんだよ」と知識を披露したくなるものでもある。実際、専門家というのは「こういう時にはこうすればうまくいくはずだ」というパターンを習得した人である。その分野を知っているだけに発想を生む視野が狭くなってしまう。

もともと発想は「こうあって欲しい」「こんなぐあいになっているのではないか」という希望や想像から生まれる。希望や想像は知らなくてもできる。とらわれがないとかえって斬新な発想を生み出す可能性がある。「できるのだ」という積極的態度につながる。

しかし、発想を実行に移すのは知識が要る、習熟された技《わざ》が要る。考えがよくても、下手に作ったものはうまくは動かない。やはり、餅は餅屋なのだ。

コンピュータの進歩を見てもしかりである。コンピュータは最初、大型で高価、特別な安定化電源を必要とし、完璧な空調のきいたコンピュータルームに鎮座する存在であった。次に現れたミニコンピュータは、電源を壁のコンセントからとり、普通の部屋に置かれ、おもちゃのような磁気テープ装置をもっていた。大型コンピュータを見慣れた者にはなんだか危なっかしいものに見えた。そんなミニコンピュータを考えついて、コンピュータを、科学計算をする機械からシステムを制御する機械へと、その応用範囲を飛躍的に広げたのは、IBMでもユニシスでもない、DECという新参の会社であった。

さらに、一人一台、机ごとに置く、IT革命のもととなる日常情報処理のためのパーソナルコンピュータを考えついたのは、計算機の会社ではないゼロックス社のパロアルト研究所であった。また、現在のヒューマノイドやペットロボットの火付け役は、ロボット開発の枠外にいたと思われるホンダであり、ソニーだったのだ。しかし、DECも、ゼロックスも、ホンダもソニーも超一流の技術会社であることは言うまでもない。だから、アイデアを物にできたのだ。

私はこの現象は、研究開発においてその秘訣《ひけつ》を突いていると確信し、「素人発想、玄人実行」という標語にまとめ、学生や仲間に言っている。この本の題はそこからきたものである。

◉外国に長く生活すると

外国に住み着いて長く生活した人の誰に聞いても、共通する現象が二つある。

一つは私が素人社会学と名づけた現象である。彼我《ひが》の比較をして、「アメリカでは、日本では」と言い始める。さまざまな習慣や考え方の違いに日々遭遇するものだから、自分の専門でなくても、文化や社会制度に関してまで自然とそれなりの意見が、比較的簡単にでてくる。そして、その話の中には自分の経験やエピソードが自慢話として織り込まれる特徴がある。

もう一つは、「愛国的」になる現象である。日本の話題が出た時には人が自然と、日本人である自分のほうを見るから、ほめられている時はいい気がする。そうでない時は弁護したり反論したりする。そうしているうちに、だんだんと日本の代表のような気がして愛国的になっていく。テレビを見て日本が変な扱いを受けていると妙に憤慨する。それと同時に、自分が「日本を代表して」文句を言われなくてもすむようにというところもあってか、日本にはああしてもらいたい、こうしてもらいたいという注文をつけるようになる。

私も御多分《ごたぶん》にもれず、このどちらの現象ももち合わせているようである。だから、日本のいろいろな方に会って食事をしたりすると、よくそんな話になる。先の「素人発想、玄人実行」もその一つである。

そんな私の話を聞いて、「あなたの話には、まるで嘘、ほとんど嘘、冗談、本当のような話、本当の話、自慢話、そして結構役に立ちそうな考えが、ないまぜになっていて面白いじゃないか」と言ってくれる人が何人かいた。それなら、それらを集めて本にしたら、ということになってできたのがこの本である。

本書に述べる話は、文化や見方を暗黙のうちにお互いに共有していると仮定できる日本にいるのとは違って、アメリカだけでなく、世界中から来た、異なる文化や見方とアプローチをもつ仲間と接し、奮闘しながら研究し、問題解決してきた人間の毎日の経験から出てきたものである。

したがって、取り上げられた例や出来事は「研究者」としての多少専門的なエピソードが中心となっている。しかし、その意味するところは「研究所」だけでなく、家庭、ビジネス、事務所、工場など、どこにでもあてはまると信じている。「研究問題」を「新企画」に、「大学」を「会社」に、「学生」を「部下」に置き換えて読んでいただきたい。

「それについての、高次の」といった意味の接頭語である「メタ」という言葉が、副題：「問題解決のメタ技術」の中で使われているのはそのためである。

実際、われわれの生活は日々、問題解決の連続なのだ。この本の話が人々の問題解決への新しいアプローチの参考になれば幸いである。

最後に、録音テープにとった話や私が学会や雑誌などで発表したさまざまな資料を掘り起こし、整理して一冊の本にまとめるのに尽力していただいた山田修氏、岡村啓嗣氏、ＰＨＰ研究所出版部の木南勇二氏に謝意を表したい。

二〇〇三年五月　米国ペンシルバニア州ピッツバーグにて

金出武雄

素人のように考え、玄人として実行する

目次

〈第1章〉素人のように考え、玄人として実行する

発想、知的体力、シナリオ

〈第2章〉コンピュータが人にチャレンジしている
問題解決能力、教育

〈第3章〉「自分の考え」を表現し、相手を説得する
実戦！　国際化時代の講演、会話、書き物術

〈第4章〉決断と明示のスピードが求められている
日本と世界　自分と他人を考える

装幀　一瀬錠二（Art of NOISE）

第1章

素人のように考え、玄人として実行する

発想、知的体力、シナリオ

1. 遊び心の発想

「カナデは、ポジティブ・シンキング（前向き思考）だ」と、アメリカ人からよく言われる。いつも大きな声でよく笑うからだろうか。私は、「研究は深刻に考えないで、面白いことをやればいい」といつも思っている。面白いということは、精神が自由であり、心がわくわくするということである――ちょうど気になる人と会った時のように。

◉アメリカの研究現場には、遊び心がある

私は子供のころから楽観的だったが、アメリカに住むようになってさらに磨きがかかったように思う。アメリカに渡った一九八〇年以来二十年以上、アメリカの研究現場にいて感じることは、自由闊達《かったつ》、研究に遊び心があるということだ。

アメリカの研究者は自分の研究のための資金は競争的に得る仕組みになっている。研究資金の配分を業務とする機関が研究資金募集要項を出し、それに対して、われわれは研究のアイデアとその遂行に必要な額を書いた提案書を出して応募するのだ。採択されたものに対して研究資金が与えられる。

そういう機関のうち、技術開発のために最も多くの資金を大学や企業に供給しているのは、国防総省のDARPAとよばれる機関である。そのDARPAは何年か前に、「現在わかっていない方法でしか達成できないプロジェクトの提案を募る」というちょっと変な募集要項を出したことがある。

提案はまず、現在わかっている方法ではできないということを議論したうえで、自分の新しい方法なら何とかなる「かも知れぬ」ということを書いてこいという。

ある人が、数学的にはできることがわかっているのはどうか、と質問したら、数学は現在わかっている方法だからその提案は受け付けられないという返事が返ってきたという、嘘のような話までもついて。

国防総省の機関がこれなのだ。しかも、中途半端な金額ではない。一件あたり、何億円という単位である。

それほどでなくとも、私の大学、カーネギーメロン大学では「ワイルド・アイデア・ファンド」への研究募集というのが毎年ある。ワイルド・アイデアというのは、変わった、時にはめちゃくちゃなアイデアというところだろうか。そういうアイデアに大学が研究資金を与えようというわけである。

アメリカ社会には、そういう茶目っ気があり、スケールの大きい面白いこと、時には荒唐無稽《こうとうむけい》とまで思われることを考えて、本気になってやっていこうとするところがある。

◉三次元カントリー、ほこりセンサー、ひっつき虫

全米で一年のうちでもっとも多くの人がテレビを見るのは、一月のプロ・アメリカンフットボールの王座決定戦、スーパーボウルの放送の時である。私は、二〇〇一年一月のスーパーボウルの放送で使われた、三次元ビジョンシステムを開発した。フットボール場に多数のロボットカメラを配置して、まるで、映画『マトリックス』のクライマックスシーンのように、絶妙プレーのその周りをぐるっと回って再生してみせることのできるシステムである。

二〇〇一年九月十一日のテロ事件以来、保安や監視システムへの興味が高まった。

そんな三次元スタジアムができるのならというわけで、私に訊《き》く人がいる。

「アフガニスタンの国全体に、超小型カメラを取り付けた風船を何万と飛ばして、カメラで覆《おお》ってしまえば、山岳地帯の三次元の映像はまるでそこにいるかのごとく、自由自在、ビン・ラーディンの居所は一発でわかる」

という三次元カントリーはできないかというのだ。

ほこりのような超小粒のマイクロホンを何十万、何百万個といっぱいばらまいて、人間の足音や車の騒音を聞きつければいいと言う人もいる。そして、その聞いた情報はどうして集めるか。ばらまいたマイクロホンを掃除機で全部吸い取るわけにはいかない。ほこりに小さな小さな鏡をつけておく。飛行機を飛ばし、空からレーザー光を地面に向けて照射する。それに対

し、ほこりの方はおのおのがちょうど西部劇でインディアンが通信する時にするように鏡の方向を変化させてピカピカと応答し、集めた情報を0と1のつながりとして送る。これをほこりセンサーという。

さらには、人を認識するのにカメラだけでは、変装されると困る。ひっつき虫のようなロボットをばらまいて、ひっついた人の血液のＤＮＡを調べる、などという怪しげなアイデアも言われている。

そして、こんなアイデアに資金を出して研究させようという人もまたいるのが、アメリカである。

◉荒唐無稽な考えからアイデアが生まれる

こういう話を馬鹿げていると思う人は真面目な人である。真面目な人の話は失敗しないように一つ一つのステップを積みあげていく。しかし、アイデアを生んだり、独創技術を開発するためには、極端に言うと荒唐無稽というか、つまり思考が飛躍する必要がある。

そのためには、現状から始めて一つ一つのロジックがぴたっぴたっとつながって結論を生む思考法では飛躍は難しい。結論からひとまず先に作っていく、つまり、希望から話を始める必要がある。まさに素人の考えである。

「こうなのかも」という仮説作りは素人でもできる。しかし、「そうに違いない」と証明するのは訓練を受けた玄人、専門家でないと難しい。

「世界には、どうしてなのだろう？　こんなことができたらいいのに……などという問題がたくさんある」。人工知能研究の元祖のひとりで、チューリング賞や大統領メダルの受賞者である、尊敬すべきカーネギーメロン大学の大先生Ａ・ニューウェル教授は、学生たちに熱っぽく語るのが常であった。「そういう問題の一つ一つが『解いてくれ、解明してくれ』と、恋人を待っているようにわれわれ研究者を待っているのだ」と。

それらの問題に対してどう答えるべきか。研究というのは、そういう問題をいわば仕切っている自然の世界とか摂理に対して、「こういうふうに解かせて欲しい」「なるほど、結構だ」「これではどうだ」「いや、それでは難しいからやってくれるな」などと交渉することである。その対話の中で、ちょうどいいところで交渉がまとまれば、研究は成功するのである。

2. なんと幼稚な、なんと素直な、なんといい加減な考えか

本当はあっち行きこっち行きしてやっとできたことを、まるで順を踏んでできたように話すことは、私も含め皆することである。ただ、そのあっち行きこっち行きする時の考えは、ここにこれから挙げるような重要な仕事でさえ、実は幼稚な、素直な、いい加減とまで言える素人的なものだったのではなかろうか。しかし、何度も言うが、それを本当に役立つものに仕上げることは知識と技なしにはできない。

◉大陸が動く

二十世紀の初めのドイツの気象学者、A・ウェゲナーという人はある時、世界地図を眺めていたという。すると、大西洋をはさむ、南アメリカ大陸の東側の海岸線の形とアフリカ大陸の西側の海岸線の形が極めて似ているのに気がついた。はさみを取り出し、地図を切って張り合わせるとパズルのようにぴったり合うではないか。そこで、彼は考えた。大陸はもともと陸続きだったのが分かれて、海洋を、氷山のように浮かびながら移動したのではないか。

これが大陸移動説である。もちろん、多くの人は大陸移動などという「バカげた空想」は信じることはできず、彼の説は忘れ去られたが、二十世紀の半ば以降になって「地球の表面は水平移動する数枚のプレートでできている」というプレート移動説として復活し、この考えは定着した。

ことはこれほどドラマチックではなかったらしい。ウェゲナーが大陸移動説を唱えた根拠はただ地図を切って張り合わせた（それ自体が作り話くさいが）だけではない。彼は学者だったから、研究をして、両大陸には同じカタツムリが生息していることや、岩石の種類、残された氷河の傷跡などを証拠として挙げた。しかし、海洋底の上を大陸が漂流して動くという素人的考えを、無理なく説明することはできなかったから、信じられなかったのだ。

事実、後年のプレート移動説は単なる大陸移動説の補強説ではない。海洋の底は海の中の嶺《みね》を軸に両側に拡大していて新しい海洋底が生産されている、という地球物理学の新しい理論なのだ。それは、地磁気の正確な観測に基づいて考え出された。

しかし、この話は発想と実行という点で示唆《しさ》的である。両大陸の海岸線がよく合致するということは多くの人が、特に、学者でない人や子供も気づいていたに違いない。そんな「幼稚」な観察を、気象学者が古代生物学や地質学の知見と結びつけて大陸が漂移する説に仕立てるという発想は、それがたとえ気象学者のものであったにしてもなんと素人的か。と同時に、それを新たな一段高い理論であるプレート移動説に完成させた、つまり「実行した」のは地球物理学の緻密《ちみつ》で専門的な観測と理論なのだ。

◉海岸線の長さが違う

インターネットで調べると、日本の海岸線の総延長は三万四〇〇〇キロメートルだという。しかし本当だろうか。どうやって測るのだろう。日本の地図を取り出し、糸をその海岸線にそってなぞらせ、一回りするのに要した糸の長さを地図の縮尺で割ればよいといわれると納得する。しかし、読者は多分自分ではやってみないだろう。

これをやってみた人がいる。IBMワトソン研究所の研究員、B・マンデルブロ博士である。すると、おかしなことに同じ地図の会社から発行されたものでも、地図が違うと同じ答えにならない。縮尺の大きな（つまり、より詳しく拡大された）地図でやるほどその答えが長くなるのだ。どの答えが本当なのだろう。

その時、物知り顔の誰かが、「縮尺の小さな地図は海岸線の細かい入り込みぐあいを省略したのだから、短くなるのは当然だ」と言ったとする。それで、「なるほど」と自分を納得させてしまうと、マンデルブロ博士のような発明はできない。

マンデルブロ博士はある縮尺で見た海岸線の入り込みぐあいを、次に大きな縮尺でさらに詳しくみると、それはまた同じような形をした入り込みぐあいが繰り返しておきることでできているのだと観察した。大まかなたとえで言えば、東京湾の海岸線は詳しく見ると、またそれぞれが東京湾のような形をした横浜港、東京港、千葉港、木更津港などの海岸線からできている。そして、横浜港はというふうに、次々とそれを繰りかえすというわけである。そういう性質を自己相似という。自己相似の形には固有の長さというものが存在しないというのだ。

マンデルブロ博士は自己相似の性質をもつ図形（もっと一般には数学としての対象物）をフラクタルと名づけ、美しい数学理論を作り上げた。フラクタルは現在、コンピュータグラフィックスを始めいろいろな分野で使われている、きわめて重要な方法である。

フラクタルは自分の実験してみたことを素直に信じたところから発想が始まった。しかし、出来上がったものは単純な観察からはかけはなれた、はるかに高級で専門的なものである。それは、この場合は数学という専門家の道具なしには不可能であったことを忘れてはならない。

◉何でもありの理論

マサチューセッツ工科大学（ＭＩＴ）のＭ・ミンスキー教授は、ＭＩＴの人工知能研究所を創設し、その所長を長くつとめた、人工知能研究のシンボル的存在の一人である。彼は数学の出身であるが神経生理学、計算理論学、心理学、物理学、電気工学、ロボットなどきわめて博識で、それらを駆使して、人工知能だけでなくコンピュータ科学全般に多大な影響を与えた。もちろんチューリング賞の受賞者である。そんな彼の有名な仕事の一つに七〇年代初めごろに発表した、知能を一般的に説明しようとしたフレーム理論というのがある。

その理論を説明すると、長くなるし、ここでは必要でない。しかし、言っておくべきは、この考えはその後、その意図した人工知能研究はもちろん、オブジェクト指向言語、エージェントなど、現在みられるさまざまなコンピュータの中心的技術の発展に影響を及ぼしたことである。

彼はその博識を利用して、人の心理的現象、神経回路の仕組み、計算理論上の話題、パターン認識などからとったさまざまな例や事実を使い、フレーム理論の正当性を主張したので説得力があった。ただ、問題が問題だけに、前出のフラクタルなどとは違い、厳密な数学的理論という体裁をとることはできず、多少あいまいな感じがあったのは否《いな》めない。

さて、八〇年のころの話である。私がある会議に参加した時、ミンスキー教授とカーネギーメロンの大学院生と私の三人が朝食の席で一緒になった。アメリカの研究者たちの特質は食事の席でも研究の話を休まないことである。ここでも当然そうなった。

そのうち、ミンスキー教授が「フレーム理論があいまいだなどと言う人がいるが、私が発表してから自然言語解析《かいせき》の分野ではフレームを使ったやり方で、すでに世界で二〇〇ぐらいの博士論文がでた。なにをか言わんやだ」と言った。すると、大学院生が「ミンスキー教授、今後どんな新しい現象がみつかると、あなたのフレーム理論が『間違っていた』ということになる可能性があるか？」と尋ねた。こんなことを、ミンスキーのような大先生に大学院生が朝食をとりながら面と向かって言うところがアメリカである。それに対する答えがふるっている。

「ネバー（Never　絶対にない）！　なぜなら、私は、フレーム理論に神経生理学、計算理論学、数学、心理学などでこれまでにわかっているすべてを取り入れた。かつ、それは十分あいまいに作ってあるので、どんな現象が新たにあらわれても取り込むことができるからだ」

私はもちろん、ウェゲナーに会ったことはないが、マンデルブロ博士とミンスキー教授の話は本人から直接聞いた話である。これらの話は多分、考えの真髄をわかりやすく話すために、とぎすました例や逸話として、後から作った部分もあり、誇張した部分もあるのであろう。

しかし、彼らがいかに単純にすなおに考える人たちであったかがよくわかる。

3. 成功を疑う

私の研究者としてのモットーは、「素人発想、玄人実行」であるといった。書家に揮毫《きごう》してもらった額を自宅の居間に飾っている。研究開発に必要なのは、アイデアは素人的に自由に発想する、それを玄人的なやり方で実現していくことだという考えである。

このとき意外と難しいのは、専門家としての知識、つまり玄人としての成功体験を疑うことである。

◉専門家は、捨てて変える決断力と勇気を

素人は知識や経験がないから、固定観念にしばられずに自由な発想ができる。なにせ、「できるかどうか」より「こうあって欲しい」という希望がすべてのもとなのだから。それは「できるのだ」という積極的でポジティブな態度につながる。

そもそも専門家とは、「こういう場合には、こうすべきだ」というパターンを習得した人でもある。逆に言うと、その型にとらわれマンネリにもなるし、飛躍した発想がかえって出にくい危険性がある。既存の方法でうまくいったという経験と知識が、発想の貧困を招くこともある。

プログラム可能なコンピュータという現在のコンピュータの原型を作った天才フォン・ノイマンでさえ、FORTRANというコンパイラー言語のアイデアを示された時に、「コンピュータのプログラムを書くのに機械語以外のものがどうして要るのか」と気に入らなかったらしいし、アセンブラ言語を機械語に直すプログラム（アセンブラー）を作って、ノイマンのコンピュータで走らせた学生には、「そんな事務員でもできることをコンピュータにやらせるなんて、無駄だ」と怒ったというから、玄人の思い込みは恐ろしい。

ここで、誤解してほしくないのだが、私は、一つのことをするのに素人と専門家の両方を入れたチームでやれ、と言っているのではない。そういうプロジェクトのやり方もありうるが、あくまで、「考える時は素人として素直に、実行する時には玄人として緻密に」行動しろと言っているのだ。物事を推し進めていくためには、自分がこの両方を合わせもち、使い分けなければダメなのだ。

そのためには、玄人としては、せっかく築いてきたものでも捨てなければならないことがある。プロとしていい仕事ができるか、できないか、アイデアを完成できるかどうかの分かれ道は、捨てて変える決断力、勇気があるかであろう。

「成功から学ぶ」とか「失敗から学ぶ」ことは誰もが考えるが、実は「成功を疑う」のが一番難しい。

◉人の反対をすればよい？

前出のＭＩＴのミンスキー教授はいつも一風変わった、しかし真実をつくことを言う人である。

ある時、私はテレビのインタビューで彼と一緒になった。私が、

「ミンスキー教授、あなたはいろいろな分野で、創造的で、しかもほかの人たちの興味をそそり、新しい方向に導くような考えを多く出してきた。その秘訣は何か」

と聞いた。彼は、答える。

「それは簡単だ。みんなの言うことの反対をしていればよい。みんながよいという考えに大体ろくなことはない」

なんだかうがった見方のように聞こえるかもしれないが、確かにあたっている。

コロンブスはみんなが東回りで航海してインドに着いている時に、西に向かいアメリカに着いた。江崎玲於奈博士はみんながダイオードの不純物リンの濃度をさげて、よいダイオードを作っている時に、不純物をもっと増やしてトンネルダイオードを発明した。

こんなすごい発見、発明でなくても、私自身にも似たような経験がある。産業用ロボットの腕《かい》はギア（歯車）を通じてモーターにつながって動いている。このギアというのはなかなか厄《やっ》介なもので、摩擦はある、バックラッシュとよばれるガタはある、中にあるグリス油は温度で

性質が変わるわで、速い動作を実現するのに必要な、運動を正確に予測できるモデルを作るのが難しい。機械技術者はみんなギアのよりよいモデルを研究していた。

八〇年代の初めにカーネギーメロン大学で、当時京都大学助手、現在MIT教授の浅田春比古博士と一緒に、「ならいっそ、ギアをとってしまえば」とギアを全部取り除いて、モーターを直接関節に埋め込んだロボットを作った。世界最初の直接駆動型マニピュレータというものである。

複雑なギアがなくなったので、簡単なニュートンの式でその運動が記述できる。その簡単なモデルを使って、従来の一〇倍以上速い動きのロボットができた。「ニュートン卿が予測したとおりに動くロボット」と言って説明したものである。

後述する「仮想化現実」技術につながった複数カメラを使ったステレオの理論は、当時キヤノンからの研修生として私のところに来ておられ、現在は東京工業大学教授である奥富正敏氏とともに考えたものである。現在、「複数基線型ステレオ」としてさまざまなロボット視覚システムで使われている。この考えは一言で言えば、ステレオの精度は基線長(二つのカメラの間の距離)の長いほうが高いという常識に反して、短い基線長のステレオを複数使ったほうが賢い考えというものである。

日常でも、株取引の人に聞くと、上がった株を避けて下がった株を買うといいという。というわけで、ミンスキー教授の「みなの反対をしろ」との考えは結構あたっているようだ。

◉未来をつかみそこねた?

それまでの成功を疑わなかったために、新たな成功をつかみそこねた絶好の例がある。

一人一台のパーソナルコンピュータという概念と技術を発明・開発したのはゼロックス社であると言った。カリフォルニア州パロアルトにあったゼロックスの研究所では、一九七三年ごろに設計開発を始め、七〇年代の半ばまでにはすでに、アルト（Alto）とよばれたパーソナルコンピュータを完成させていたのである。アルトはその後出てきて、パソコン時代を作り出したマッキントッシュの機能とアイコンなどの概念を完全に含む、はるかに進んだシステムであった（と言うより、マッキントッシュがアルトをまねたと言う歴史家が多い）。

然《しか》るに、IBM、アップル、マイクロソフト、ソニー、東芝といったパソコン産業において、ゼロックス社の名はまったく現れない。なぜか？　ゼロックス社はアルトの発明を見逃《みのが》した、と言うよりまったく無視したのである。

コピー機のリースによってコピー一枚ごとに手数料を取るというビジネスの大成功によって莫大《ばくだい》な利益を上げていたゼロックス社は、アルトの意味するパーソナルコンピュータという新しいビジネスのリスクに賭けることを嫌ったのだ。

さらに、そのコピー機のビジネスモデルではユーザーが速く大量にコピーして、コピー枚数が上がれば上がるほど収入が上がる。だから当然、大型高速コピー機を重視した。その結果、少量・手軽・その場でコピーという、すべてのオフィスにある潜在的な要求を見逃し、リコーやキヤノンといった日本企業の小型機に急速にとって代わられるというおまけまでついていた。

きわめて厳密に管理された会計モデルで運営され、ビジネスに大成功していたゼロックス社にとって、いやそれだからこそ余計に、それを疑うのは難しかったのだ。

技術創造の点では素人発想・玄人実行を実践したゼロックスが、ビジネスにおいて玄人発想を捨てきれず、パーソナルコンピュータにおいて成功をつかみそこねたのだ。

このあたりの経緯はD・スミスとR・アレキサンダー著『Fumbling The Future（未来をつかみそこねる）』という本に詳しく分析されている。その中には、ゼロックス社が一九七九年に放送していたというテレビコマーシャルの話がある。

それは、ビルという主人公が朝、パーソナルコンピュータに向かって、「おはよう、きょうのメールはどんなのがあるかね」と話しかけるという、今でも使えそうな場面のテレビコマーシャルだったという。歴史の皮肉を絵に描いたような話ではないか。「ビル」というのは、ゼロックス社がなりそこね、かわりにパーソナルコンピュータの雄となったマイクロソフト社の総《そう》帥《すい》で世界一の大金もちゲイツ氏のファーストネームである。

4. 創造は省略から始まる

将棋の名人である羽生善治さんと対談した時、彼は「創造は省略である」と言っていた。

「一つの局面でだいたい一〇〇通りぐらいの可能性があるのですが、その局面で二、三通りの手を直感によって選ぶんです。残りの九〇パーセント以上は読まないで捨ててしまうわけです。思考を省略するわけです。そこからまた手が増えますよね。三つあった手に対して、また三つの候補手があれば、それで九つ、それが枝葉に分かれていくから、三〇〇手、四〇〇手と読むことになります。どこで打ち切るかは人間の力じゃ分からないので、ある程度のところで省略して指し手を決めていくということですね」（『簡単に、単純に考える』ＰＨＰ研究所）

◉「アボガドロ数」に達すると、コンピュータも全数検査できない

コンピュータで将棋などのゲームをやらせる研究がある。現在のコンピュータはきわめて速いのでそんな省略をせずに可能性をしらみつぶしに調べればいいと思うかもしれない。ちなみに、将棋の九×九の盤面上での駒の配置の可能性は何通りくらいあるか？　一〇の三〇乗（一〇のあとにゼロが三〇個つく数）ぐらいあるとされる。

学校で習ったと思うが、「アボガドロ数」というのがある。気体なら零度、一気圧、二二・四リットル、水なら一八ccに含まれる分子の個数で、六×一〇の二三乗である。だから、一〇の三〇乗はその二〇〇〇万倍、三万リットルの水に含まれる分子の個数である。

調べなければならない可能性の総数がアボガドロ数のレベルに達してしまうような問題は（実は大変多いのだけれど）、コンピュータがいくら速いといえども計算量的にもメモリ容量的にも全数検査は実行不可能である。

では、羽生さんは、どのように指し手を決めるのか？　一つの局面を見た時に「だいたいこういう手だから、こう進めばいいな」と見当をつけられるという。全体を見て、「これが美しい形」とか「これが悪い形」と、わかるそうだ。人間はどういうわけか、そういうパターンを探し、見つけるのが非常に得意なのである。

◉簡単、省略、抽象化する——トリヴィアル（自明）の崖と審美眼

実はわれわれ研究者も研究は省略から始める。

研究をする時には、あまり難しく、複雑な現実をそのままに扱ったり、考え始めるとうまくできない。世の中に起こっている事を簡単、省略、抽象化して見る——これが科学や工学の基本だ。

単純化の量が足りないと難しすぎて理論にならない。一般には、単純化、抽象化が進めば進むほど、美しく、鮮やかな理論ができる。しかも、その単純化がちょうど目的に合致する適当

な量にできると役に立ついい理論ができる。物理の時間に習ったレンズの屈折やばねと力の関係など、単純で美しい理論は、現実には存在しない理想的レンズやばねを考えての話であるが、ほとんどの場合、それで十分以上に役に立つのである。

そういう意味で、工学の設計理論はもちろん、物理世界の法則も私に言わせれば、発見というより発明である。ニュートンの重力の法則だって、神様がニュートンの法則にしたがって、世の中を動かしているのがわかったと言うよりは、その法則でわれわれが日ごろ見るような運動は十分説明がつくということなのだ。その証拠に量子力学の世界ではニュートンの法則は必ずしも成り立たないというのだから。思い切って単純化できるかどうかが、よくできる人とできない人の差である。よくできる人は、単純化の方向に踏み込めるが、できない人は「こんなに単純化してしまって、いいんだろうか」と怖《お》じ気《け》づいて踏み出せない。

理論はシンプルで抽象化した問題に対して立てるほど価値があるといった。しかし、やさしい方向にどんどん向かっていくと、その先にトリヴィアル（自明）の崖がある。つまり、そこから先にいくと自明の谷に落ちてしまって、そんなものは当たり前、理論ではないという状態に達する。このトリヴィアルの崖っぷちの手前に止まっている、つまりもとの問題の本質を最も昇華した形で残し、最もわかりやすい形の理論に仕上げたものが、最も素晴らしい理論であり、説明なのである。

思考の過程を省略し、最も適切に単純化するためには、見通しをもつことである。この「見通し」を使うことで、ものが見えてくる。一般に、数学は緻密な論理によって構成された論理的な学問であると思われているが、数学界のノーベル賞といわれるフィールズ賞を受賞した小平邦彦教授は、数学は高度に感覚的な学問であるといい、それを「数覚」と名づけている。やさしいところでは、中学校の幾何《きか》学でも、図形の問題は、補助線が頭に描けないと解くのが難しいが、それは見通すことで発見できる。

羽生さんの言う、指す時の「美しい形」というのは、まさしく見通す力であると思う。私は、科学も工学も芸術だと考えている。学生たちにも、

「事実に対する審美眼を磨け！」

と日頃、よく言う。現実世界の現象や事象には一見、構造などはないように思える。しかし、ないと思われるところに構造を見つけ出す。それが、アイデアなのである。

●どこを端折るかがキー

研究開発において、新しいシステムの開発のために考えられる解法というのはたくさんある。例えば、ロボットによる自動運転システムの開発ということになれば、「普通のカメラを使うか、いくつ使うか」「レーザー、ステレオ、マイクロ波センサーはどうするか」「車と人を区別するにはどうするか」「障害物を避けて走る経路を決める方法は？」といった問題が提起される。それらについて、「まずこれを試すかな」「あれにするかな」「こういう装置を使うかな」「い

や、それよりもこれを使った方が安くできるのじゃないか」……など、きわめて選択肢が多い。全部を同時にやるわけにはいかない。そのうちのどれから始めるべきかを決めなければならない。将棋のように、どの手を指すかの決断をしなければならないのである。羽生さんのように、まず、省略からである。

それこそ、パターン照合でどれにするかを決めなければならない。研究費を出してくれるスポンサーにすれば、「とにかくできることが重要」なのだ。つまり、研究という自然との知的ゲームに勝て、勝ち方はどうでもよいと言っているのだ。そのためには、どこを端折《はしょ》ればうまくできるか、まず攻めるか守るかどちらにするかが勝利のキーになるのだ。

研究リーダーはそういう方針を示すのが仕事だ。その人の方針にしたがうとなぜか成功率が高い人というのは、そこを上手に考えられる人である。

私の場合も、研究の依頼を受けた時に、「できる、できない」「どのぐらいの期間と費用でできるか」というのは勘でしかない。わからない時もあるが、それでも返答しなければならない。「うん、まあそれはできるでしょう」とか、「それはちょっと無理じゃないですか」とか、「まあ、そのくらいだと期間は五年で、予算はこれぐらいあればできるんじゃないですか」と、まさに端折って、適当に返答している。私はまあまあ、あたっているほうだと思っている。

細部にこだわると思い切って省略できない。その結果、前に踏み出せない。いつまでもいい結果は得られないのである。

5. 物事を推し進めるためには、シナリオをつくる

自慢の思い出がある。二〇〇一年一月二十八日。「アイビジョン」というロボットカメラを駆使した、新しいプレー再現法のシステムが、世界中で五億人がテレビ観戦するといわれるスーパーボウル（プロ・アメリカンフットボールの王座決定戦）のテレビ放送に使われた。このシステムの技術は世界中にネットワークをもつCBSの依頼を受けて、私と私のチームが開発したものである。

◉スーパーボウルのテレビに出演した唯一の大学教授

スーパーボウルの放送において、当日、試合前、アイビジョンの解説が行われ、私は、その中で二十五秒間、新技術のポイントを解説した。以来私は、「スーパーボウルに出演した唯一の教授」という肩書きを頂戴している。面白いことにアメリカという契約社会らしいことだが、この私のスーパーボウルに二十五秒間出演というのは、CBSとカーネギーメロン大学との開発契約の契約事項の一つであった。

「アイビジョン」の仕組みを説明しておこう。映画『マトリックス』と同じ効果を狙《ねら》ったシス

テムである。映画の場合は、カメラを周囲にぐるっと一〇〇台ぐらい置いたその真ん中で俳優が演技をし、そのいい瞬間を同時にシャッターをきって写真を撮る。そして、その画像を順番にビデオとしてみせると、映画を見ている人には時間が止まって、その周りを飛んでいるように見える。それと同じことをフットボールのグラウンドでやりたいのだ。

しかし、グラウンドの場合は広いし、どこで良いプレーが起こるかわからないので、あらかじめカメラを特定の場所に向けて用意しておくことはできない。そこで、グラウンドを取り囲むように、スタジアムの上部に設置した三〇台のカメラは全部ロボットとし、スタジアムの外に置かれたCBSの放送用トレーラーから自動コントロールできるようにしたのである。

トレーラーの中には、モニター画面のついた本物の移動カメラスタンドのような装置が用意されていて、スタジアム内の三〇台のうちのどのカメラとでもつながるようになっている。そのカメラスタンドを左右上下に振る、ズームを変えるといった操作をすると、コンピュータの働きで、それに対応するカメラが動き、それで撮影される画像がそこに表示される。だから、トレーラーの中にいるカメラマンはプレーの位置によって、スタジアム内でプレーの最も見やすいカメラを自由に選んで、まるでそこに陣取って選手やボールを追いかけてカメラを回しているように感じることができるのだ。

すると、ほかの残りすべてのロボットカメラは、コンピュータがすばやく自動的に計算して、人間のカメラマンが追いかけたのと同じ選手やボールを追いかけるように動く。そうして撮った三〇台全部のカメラのビデオ信号がトレーラーに送られる。そして、各カメラが撮ったコマをつなぎ合わせて編集すると、選手やボールの動きを三六〇度、全方位からぐるりと視点を回転させて再現できる。

「アイビジョン」を使うと、流れるプレーの中で、その時々で注目プレーについて映画『マトリックス』と同じ効果をもった再生ができるようになったのである。例えば、今まさにクォーターバックがパスを投げようとするその瞬間、これまでのように横の一視点からの映像でなく、カメラをぐるっと回して、そのパスをだす人の視点方向からの様子を送ることができる。また、タッチダウンかどうか微妙なプレーがあると、時間を止め、視点を三六〇度自由に変えた映像で一目瞭然《いちもくりょうぜん》に判定することができる。

スーパーボウルでのアイビジョンは非常に評判がよく、この研究のスポンサーで、この技術を使ってこれから商売をしようとしているベンチャー企業の株価が、二週間で六倍にはね上がった。その後は知らないが……。

◉「仮想化現実」――実はずっと前からそんな研究を……

映画やテレビなど今日の視覚メディアは次のような共通した側面をもっている。ある現実のシーンを映像化したり、そのシーンを見せようとする時に、そのシーンの見え方を決定しているのは、送り手であるディレクターただひとりである。見る側は選択することはもちろん参加することもできない。

しかし、三次元画像処理技術とコンピュータグラフィックス技術を結合させることによって、このような制限を取り除くことができる。実は、私は「バーチャライズド・リアリティ（仮想化された現実）」とよばれる「アイビジョン」よりもっと多くのカメラを使う新しい技術を、「アイビジョン」のずっと前から研究してきていたのである。

仮想化スタジオはすでにカーネギーメロン大学に存在する。教室ほどの広さの部屋には四方の壁と天井に計五〇台以上のビデオカメラが、部屋の中を半球状に取り囲むように設置されている。ちょうど、トンボの複眼の中にいるような感じだ。各カメラとその隣接するカメラとの組み合わせはステレオを構成しているから、シーンを多数のステレオカメラで撮影したことになる。

部屋の中で例えばダンスパーティーが行われているとしよう。五〇のアングルから撮影された映像は、コンピュータにより各瞬間の三次元の情報に変換処理される。こうして、部屋の中で起こっていることの立体的三次元モデルの流れとしてコンピュータ内に取り入れられる。私はこれを四次元デジタル化、仮想化と名づけた。よく言うバーチャルリアリティは「仮想の現実」であるが、仮想化現実は「現実そのもの」なのだ。現実に起こっていることを仮想化したのだ。

こうして現実世界を仮想化してしまえば、いろいろなことができる。例えば、視聴者がソフト的に仮想カメラの位置を指定できる道具を準備しさえすれば、この仮想化された世界の中を自由に動き回って、元のカメラアングルにはない角度や位置からの映像も合成し、観察することができるのである。

仮想化スタジオで記録された有名な外科医による外科手術を、医学生は何度も自由なさまざまな角度から見学、学習できる。また、遠くにある自然動物園の中に危険なく、しかも自然の環境を汚さず入れる。「アイビジョン」はそのほんの簡単な一例にすぎない。

◉「メッセージのある研究をしろ！」

私は学生によく、研究についてこう言い聞かせている。「『これができた』と言うと、それを聞いた人が『そうか、それを使えばあれもできるようになるな』『なんだ、そんなことだったら自分にもできる』『それがうまくいくのなら、自分はこうしよう』などと驚いたり、触発されたりと心を動かされるような研究をしろ！　それがメッセージのある研究なのだ」と。

反対に、「何だか知らないが、難しいことができてしまった」というのは、立派かもしれないが、あまり人の参考にはならない。メッセージがないからだ。

仮想化現実のシステムは、まったく新しいタイプのエンターテインメントメディアを出現させるかもしれない。ＮＢＡのバスケットゲームやブロードウェイの熱狂的なファンが、ゲームや舞台を自分たちの好きな座席から見ることができる。さらには仮想化処理が、すべてリアルタイムに行われるようになれば、選手や俳優の動きに合わせて座席を変える、コートの中に入る、ボールの視点からゲームを見るということも不可能ではない。

私の「仮想化現実」プロジェクトは、「多数カメラシステム」として世界で同じようなプロジェクトを誘起したと自負している。

研究の全体像とアイデアを短い言葉でうまくとらえたキャッチフレーズは、メッセージを人に伝えるのに役に立つだけでなく、自分が研究を推し進める推進力にもなる。

私の仮想化現実のキャッチフレーズは、

「"Let's watch the NBA on the court"（ＮＢＡのゲームをコートの中で見よう）」

である。

6. シナリオのキーは、いかに人や社会の役に立つかである

研究のキーになるのは、その研究成果や企画の実現が、社会にどう役に立つかということである。「自分のアイデアがこうなって、こういうものを生み、それが社会にこのように役に立つ」というシナリオを示すことが大切である。

◉よくできる人とできない人の違いは……

よくできる人と、できない人の違いはどこにあるのか？

私は、よくできる人は、研究や仕事を始める前に、これをやったらこんなものができる、こんなふうに社会に役に立つだろう、さらに、人に「いいでしょう」と言う、その言い方まであらかじめ決めているのではないかという感じがする。「そら見てごらん。こんなことができた」と人を感心させる仕組みや段取りまでが、まるでミステリーの罠《わな》のようにできているのである。

「こんなこと、難しいと思うでしょ」

と、まず人を困らせておいて、

「ところで、こういうことに気づいたことがありますか。これは、実は、さっきの難しい問題と関係があってね、このアイデアを使うとそれが解けるのですよ。そうすると、あなたが毎日やっているそんなこと、しなくていいのですよ」

と言う。すると、聞いた人が、「へえ、そうか」と感心した顔をする。そこまで先を見通したイメージとシナリオができたら、研究はもうかなりできていると言える。

◉シナリオは、先を見通すことで描ける

私がいつも使う言葉でいえば、自分の中に「研究と応用のシナリオ」がきちんとでき上がっているわけである。

映画や芝居のシナリオでも、それをつくるためには、場面の順序、簡単な描写、登場人物のせりふや動作などを書き入れた、公演時の視覚的なイメージがなければならない。われわれの研究開発の場合にも、こういうことができるのではないか、とまず考える。しかし、難しそうなところもある。そこで、こういう新しい考えや道具を入れれば、いままでの経験からすると実現できるのではないか、という研究の完成イメージを描く。そのイメージとそれへの筋道を描けるかどうかは、研究開発シナリオを書く力にかかっているのである。

私が前出の仮想化現実を考え始めたのは一九九二年ころである。九三年には六台のカメラを

使ったステレオシステムを、九四年には五〇台のカメラを使った直径三メートルほどの三次元ドームとよんだ最初のシステムを作りはじめた。カメラは安くなり始めていたが、それでもまだ結構高価で、「そんなにたくさんのカメラを使うのは現実的でない。カナデのような研究費をたくさん使える人だけにしかできないやり方だ」と批判された。

私はビデオカメラはすぐに、小さく、安く、いくらでも使えるようになると考えていた。また、そのころはまだ、コンピュータへの画像デジタル入力も容量的、速度的に今ほど簡単・廉価にできなかったから、五〇台ともなるとさすがに大変で、仕方がないので五〇台のVTRを買ってきた。アナログ録画してから、あとで一つずつデジタル化した。講演をする時、「五〇台のVTRを買ってきて、……」と言うと、会場がクスクスと笑う。なぜかとアメリカ人に尋ねたら、「そこまでするのはなんとなく、Lunatic（気が変）という感じだから」と言われた。なるほどと、以来、五〇台のVTRの話は私の講演の中の必ず聴衆の笑いをさそう話題の一つになっている。

今となってみると、たくさんのカメラを使うことなどなんでもない。カメラはめっぽう安い。いろいろなところで、たくさんのカメラを使った応用が盛んとなってきた。スタンフォード大学などでは二〇〇台のカメラを使ったシステムなども開発されつつある。

こういう動きに先鞭《せんべん》をつけたと、誇りに思っているこのごろである。

◉役に立たない研究が高級だというのは間違いである

シナリオを描く基本は、先を見通す力である。

アメリカでは「役に立ちたい」と思っている人が、研究者にかぎらず非常に多い。人に自分の研究について話すと、「それが役に立つのは、どういう場合ですか？」「どういう仕組みで役に立っていくのですか？」ということを、まず訊かれる。それに対して明確に答えられないと、興味を失い、相手にしてもらえなくなってしまうのだ。

私が、役に立つということを強調すると、「応用研究をしろということですか」と言う人がいる。「私は基礎研究をしているから、役に立つかどうかわからない」と言う人もいる。アメリカにもいるが日本には特に多い。こういう人は、シナリオが描けないので、目的と手段が区別できなくなっているのではないか。

「私は役に立つことをやっている」と言うと、単なる応用研究で科学的レベルが低いと考える傾向があるのではないか。役に立たないものほど高級だというのは、科学に関するあやまった思考法でしかない。

本来、基礎研究ほど役に立つものはない。応用の範囲が広いからである。例えば、工学で制御と信号処理と確率的推定を結びつけたカルマンフィルターは基礎中の基礎的手法であるが、それは安定した運動制御システムを作るという具体的目標から始まって、今や、飛行機や船の位置推定、画像認識、自律ロボットの制御などありとあらゆるところに使われている。

応用研究は範囲は狭いが直接に役に立つ研究、基礎研究は息は長いがもっと広範に役に立つ研究である。たとえて言えば、果樹の受粉したての一個の実に甘くなる栄養液を塗るのと、その根っこに腐葉土《ふようど》や肥料をやるのとの違いである。前者はその実一個だけしか甘くなることが期待されないが、効果はかなり確実だ。

しかし、後者の場合にだって、この肥料をやると、根が太くなり、土から栄養素をよりよく吸収するので、大きく甘い実ができるというシナリオがあるはずであろう。そして、その効果は木全体に及ぶはずだ。

だから、基礎研究といえども、いや、だから一層、そのシナリオを言えなければならない。もちろん、誰も先のことを完全には予測できない。だから、ことがシナリオどおりに起こらなければならぬというわけではない、不確実でよいのだ。途中で変更していけばよい。

しかし、「どういう仕組みでかはわからないが、きっといいことが起こるに違いない。だからこの研究をする」というあいまいなシナリオでは困る。特に大学で、国民の税金を使って研究をやるわれわれには、その時々で、不確実でも、はっきりとしたシナリオを提出する責任がある。

不確実とあいまいは違う。

7. 構想力とは、問題を限定する能力である

構想力というのは知的な能力である。イメージ的に言うと、砂浜にある砂を、どういう形で、どれだけたくさんすくうことができるかということである。問題を手で、ぐうっとすくう。すくいすぎると崩《くず》れてしまう。少なすぎると、もっても価値がない。知的体力のある人は崩さずにもちこたえる。下手な人はもっているうちにパラパラこぼれて、問題がなくなってしまう。

◉できのよい小説は構想力に優れている

私は、松本清張の小説が好きで、デビュー作の『或る「小倉日記」伝』、有名な『点と線』などはもちろん、ほぼすべての作品を読んだ。清張の推理小説は、ほかの作家の推理小説とは構想力において断然、差があると思う。主人公の性格や仕事の種類、殺人の方法、そして殺人が起こる時、あるいは見つかる時の状況などの描写の一つ一つが、殺人の動機という一本の糸でつながり、はじめからおわりまで関係付けられる。

「なるほど、犯人のあの性癖がここに効いたのか」とか、犯人の動機、被害者の殺され方や発

見の状況が、「なるほど、やっぱり犯人とここで関係してるんだな」と。最初に書いてあることと最後に書いてあることとの間に矛盾が一つもなく、うまく効いている。

できの悪い小説は、作者に構想力がないので、最初に書いてあることを忘れてしまい、途中で反対のことになったりする。「あれ、この登場人物の性格は、こういうタイプじゃなかったか。こんなこと、絶対にしない性格なのに」という人物が、殺人を実行したりする。そういう場面に遭遇すると、「こりゃ、都合よすぎる。そうなら、最初にちょっとヒントを出しておくべきじゃないか」と、思わず口に出して家族に笑われることがある。

◉世の中のすべての問題を最も一般的に解くのは不可能である

構想力の重要さは研究者にも同じである。世の中の問題はおおむね難しいので、その問題を最も一般的な形で解くというのはまず不可能である。

特に、工学的な問題の場合は、自分でつくった問題を解くわけだから、構想力はいっそう重要である。実現したい目標や解明したい現象を取り出す。その取り出し方が、①広すぎず、狭すぎず、②使うべき仮定や予備条件が少なすぎず、多すぎずにである。その基準は結局、結果が役に立つかである。

例えば、人の顔を認識するシステムを作る問題で、「どんな照明条件でも、どんな顔の向きで撮った写真でも、データベースがどんなに大きくても、その人が誰かを間違いなく、瞬時に

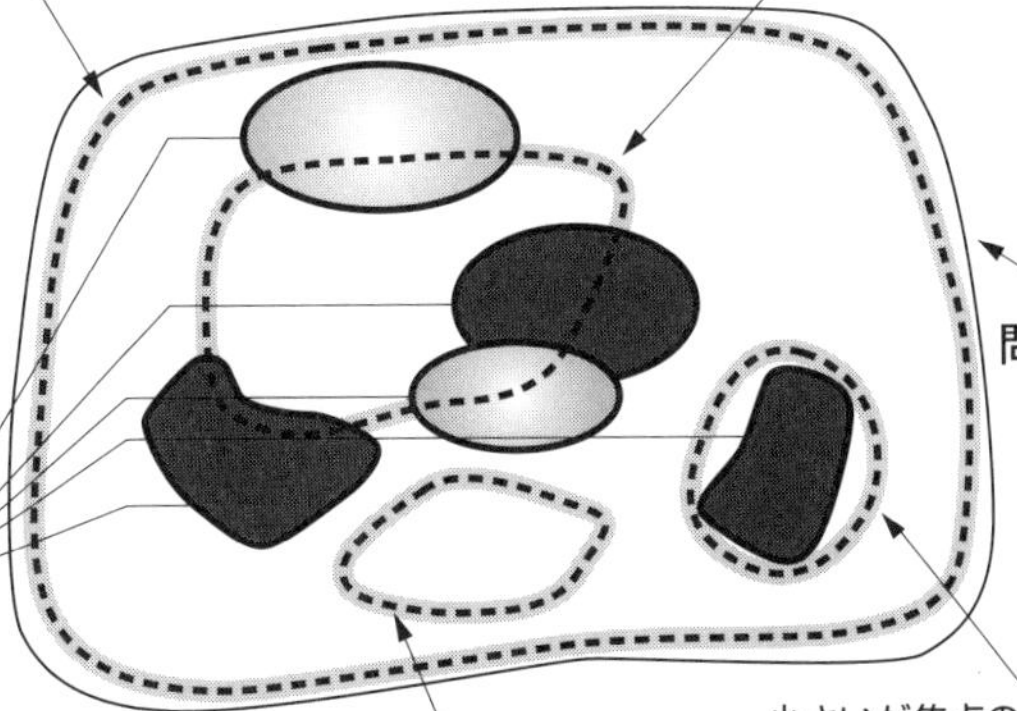

認識するプログラム」というのはできるに越したことはないが、まず不可能か、少なくとも当分はできそうにない――人間だってこんなことはできはしないのだ。

しかし、上の図でいうと、「顔の認識」という問題全体のなかのところどころに、解ければ役に立つ部分問題がある。例えば、「顔正面だけなら認識できる」「データベースには各人ごとに右から左まで一〇度ごとに撮った写真を入れておけば認識できる」「一枚の写真だけでなく、ビデオを入力に使えば認識できる」といったものである。

図で示したように、ただ漫然と一般的なものを狙った研究は、できたらいいが多分できない研究である。非常に役に立つ部分問題をちょうどぴったりカバーする研究は焦点の定まった、多分成功する研究。広そうに見えるが、役に立つ部分問題を何一つ完全にカバーしないのは、よさそうだが焦点が定まらず、結局はあまり役に立たない研究。どの部分問題ともオーバーラップしないのは無意味な研究である。

◉構想力というのは知的な能力である

このちょうどいいところに問題を限るというやり方が、研究の構想力であり、知的能力なのだ。

問題の解の中でその限り方がぴったりと効いてくる、その感じがまさに、推理小説の設定とプロットがわざとらしくなくあう、その素晴らしさとおなじなのだ。研究の上手な人はそれができる。

一方、下手な論文や研究はどうか。結局のところ最後は極小化してしまうくせに、最初、見かけは問題を限らないような顔をして論述を進める。「こんな難しい問題、どうして解くのかなあ?」と思って読んでいく。「わあ、本当にこんなことできるのだろうか、こんな式、解けるのだろうか」と思ったところで、「この研究では、A＝0と仮定する」と来る。「それなら、つまらない問題じゃないか。そんな大事なこと、どうせするんだったら、初めからそう言っておいてくれよ。期待のもたせすぎじゃないか」という感じがするのである。

安っぽいどんでん返しのつまらなさのようだ。まさに構想力の違いである。

「問題は、その定義ができたら、その六〇パーセントぐらいは解けている」

私の京都大学での大学院時代の指導教官、坂井利之教授の言葉である。ドクター論文なども、どこまで問題を構想できたかでほぼ決まる、あとは実行するのみだというのである。その後の私自身の経験からも確かにあたっている。

アメリカの大学院博士課程では、「論文プロポーザル」の発表というのが、一つの重要なハードルとしてある。「こういうことを、こういう方法で研究すると、こういう結果が得られると思う」ということを書いて、指導教官と論文委員と一般聴衆の前で発表し、承認を得る。問題を限って定義する練習でもあり、それができたら博士号をあげましょうという契約でもある。

研究開発は構想力が決め手になる。砂を多すぎず、少なすぎず、どういうふうにすくうかは、まさに芸術であり、科学者の審美眼である。言葉ではなかなか教えられるものではない。いい先生のそばで見て覚える部分がかなりある。

8. キス・アプローチ——単純に、簡単に

キス（ＫＩＳＳ）というのは、"Keep it simple, stupid" の頭文字である。これはアメリカの俗語で、もとは軍隊用語から来ているようだ。部下がうまくできない時に、「こら、簡単にやれ！　バカモノ」という感じであるらしい。

キスはエンジニアリングの基本的な考え方である。

◉私の勉強法——「そんなことを真にうけるのは、おまえぐらいだ」

「これは難しい。きっとうまくいかない」

「こんなことをやっていて、本当にいいのだろうか。効果があるのだろうか」

「もっといい方法があるはずだ」

どこの世界でも、計画が始まる前や途中で、こういうことを言う人、反対論者がいるものである。英語ではネイセイヤー（Naysayer）と言う。Nay つまり NO と言う人のことである。

私は徹底してやるタイプなので、もし学生が、こんな泣き言を言ったら、

「終わる前にうまくいかない理由をぐたぐた考える暇があったら、早くやれ。最後までやって

から、ダメだったらダメでした、と言えばいいのだ」

と言うところである。

高校時代に、こんな思い出がある。そのころ、古文が苦手だった。本屋に行くと、『古文に強くなる方法』という二〇〇ページほどの本があって、この本を徹底的にやれと書いてある。どうやるのか立ち読みすると、五回繰り返し読めと書いてある。「一回目は三日で、二回目は一週間で、三回目は二週間で、四回目は三週間で、そして五回目はひと月で読むこと。全部五回ともやり終えたら、高校の古文などは簡単である」と書いてある。

「ほんとうだろうか？」と思ったが、買い求めてそのとおりにしたら、どんぴしゃり、古文で困ることがまったくなくなった。このことを友達に話したら、「そんなもの、真にうけてそのままやるのは、おまえくらいしかいない」と言われたものである。

◉最後までやり切れば、失敗のパターンもわかる

物事を推し進めようとする時、やりとげる前に「できないこと」をいろいろ想像していては前に進まないのである。最後までやり遂げるから知識も増える。私はやってみることをためらう学生にこう言う。

「この問題が解ける方法があれば、それをやってくれ。しかし、解く方法を君はわからない。私もわからない。とするならば、ダメだと思われる方法をやってみたほうが賢明ではないか。

最後までやり切れば失敗のパターンがわかるはずだ」と。この方法では解けない、解けないのはなぜか？　ということがわかれば、解けなくさせている根本的な理由がすこしはわかる。そうすれば、「なるほど、ここがキーなのだ」ということがわかってきて、その問題を正面から解決する方法が見えてくるのである。

つまり、困難点をエクスプリシット（陽に明示）にすることが大切なのである。どんな問題でも難しい。何が難しいかわからないが、難しいということはわかっている。まずやってみて、「なるほど、これは難しい」「これを難しくしているのはこれだ。ここができないから難しいのだ」ということがわかることは、問題を解いたり、研究するうえでの大前提なのである。

また、困難に直面しているのは、自分のアプローチが問題の本質から外れていて、そこから派生した難しさに突きあたり、どんどんのめり込んでしまった結果であるというケースもある。それも、実際にやってみなければわからない。ぐたぐた思い悩んでも仕方ないことである。

◉「ゴチャゴチャしたことを考えるな」

キスの考えは、計算速度と記憶容量が飛躍的に進んだ計算機を使うことのできる現代では特に有効である。

今まではコンピュータの能力が低いために、そのコンピュータで解ける計算範囲に、無理にでも押し込む「賢い」解法を発明しなくてはならなかった。本来はスーッと素直に解けばいいのに、素直な解法はコンピュータの能力が足りないので実現が難しかった。そこで、何とかできる範囲内に収めようとやりくりを試行錯誤してきたところがある。

ところが、このごろは、むしろ、問題を定義されたままに解いた方がいいということになりつつある。素直に解いた方が鮮やかに、正しく解け、実現も意外にやさしいのである。だから、学生には、

「あまりゴチャゴチャしたことを考えないで、キスでいけ！」

と言う。それには、昔からのやり方やいきさつにとらわれていてはダメだ。ストレートフォワード（直截《ちょくせつ》的、直接的）にやるという感じが大切である。

例えば、コンピュータグラフィックスでは、一昔前までは光の反射ぐあいをできるだけごまかしてそれらしく見せる方法のアプローチが主流であった。

しかし、現在ではむしろ、物体表面や表層での光の物理的現象を直接モデル化して計算する方法がコンピュータで十分実行できる。方法が基本的に正しいだけに当然ながら結果もよい。さらには、あらゆる方向からの画像をそのまま、しかし効率的に記憶して、それをすばやく読み出すという、プレノプティック関数とよばれる、従来では考えられなかった、いわば力ずくの方法の有効性が見直されている。

固定観念に縛られずに、単純に、簡単にと考え、前に踏み込んでいくことで可能性が広がるのである。

9. 知的体力——集中力とは、自分が問題そのものになること

世界的に活躍している研究者には、一つの共通点がある。それは、知的な体力があることだ。

知的体力というのは私の造語だが、同じことを考え続けたり、一つのことをいろいろな方面から考えても飽きのこない力のことである。

◉どんな場合にも、壁に突きあたる時がある

研究とは答えがわからないものだ。構想の優れた研究には、始める前から、これをやったらこんなものができる、こんなふうに役立つというシナリオがあるので、最終的には何らかの成果があるはずだが、研究はしばらくやっていると必ずと言っていいほど、うまく進まなくなってしまう時がある。

それどころか、やろうとしている問題そのものが価値あるものなのか、そもそも解ける問題なのかどうかが自分でわからなくなってくる時がある。だから一層不安になる。どんなに難し

そうでも、その章でならった定理や考えを使うと必ず解けるとわかっている教科書の章末の練習問題を解くのとの根本的な差はそこにある。

知的体力のない人は、

「こんな問題をやっていても、この先にものすごい壁があるはずだ。この調子ではとても向こうに行き着けないだろう」

と、不安な気持ちに負けてしまう。その壁はあと一〇センチしかなくて、それまでのペースでいけば、あと十日で抜けられるのかもしれないし、あと何キロメートルもあるのかもしれないのだが、それがわからない。

このわからないという不安に打ち勝ち、研究の結果を出すためには、知的活動に倦《う》まない知的体力がないとダメである。

◉私は七十四時間集中して考え抜いたことがある

知的体力はまず肉体的体力に支えられている面が強い。だから、体が丈夫である必要がある。しかし、「私は体力には自信がある」という偉丈夫《いじょうぶ》でも、机の前に一時間以上座っていると眠くなってくるという人がいる。そういう人は大したことはできない。

ダイエット運動と違って、研究の場合は、一日に十分間ずつ毎日やればいずれいい結果が生まれるというものではない。長時間じーっと考え続けなくてはならないのだ。この、「じーっと」というのは、ものすごくつらいことである。じーっと動かないというのではない。「こうではない、ああでもない、なぜできないのか？　では、こうか。いや違う、これも違う、こうか、これもダメだ……」と手を動かしたり、実験したり、書いたりしながら、寝る時も、食事をしながらも頭をフル回転し続けるのである。

私は若いころからあまり睡眠時間をとらなくてもすむほうなので、一日に二、三時間しか睡眠時間をとらないで一週間考え続けても平気だった。大学院のころには、七十四時間ぶっとおしに考え続けたこともある。

プロ棋士の米長邦雄さんは、対局中に集中力を持続させているので、終わると頭の皮膚が真っ赤になっていることがあるそうだが、そういう感じがわかる気がする。集中すると、血液が大量に脳に行って血圧が上がり、熱くなる。脳が物理的変化を起こすのかもしれない。

集中力がなくなると、「飽き」となって現われる。「さっきもそんなこと考えたな」というような ことが頭をよぎって、「ちょっと休もうかな」という気持ちになる。私は知的体力を「倦まない力」と定義している。

では、倦まない力を持続するにはどうしたらいいか？

◉自分が問題そのものになれ

「自分が問題そのものになれ」

私は、そう学生たちに言い聞かせている。問題を解きたいと思う時には、次のように頭を使うのだ。

①イメージを描く――この段階では、その問題の生まれる状況をいろいろと思い巡らす。こんな場合にはこんな答えが出ればすばらしいなと考える。考えに入れなければならない場合、確かにありうる場合であるが、ひとまず本質的ではないから無視してもよさそうな場合、関係のありそうなほかの問題などを考える。ガチャガチャと足場になりそうな材料を蒐集《しゅうしゅう》する感じである。

②足場を組み始める――この段階では例題を作ることが最も大事である。最初は答えがすぐわかるような、なるべく簡単な例題から始める。ひとまず、その例題は解けるという仮の解法を考える。例題の特定の性質が答えにどう関係しているかをチェックする。例えば、物体の重さが倍になると答えは二倍になるはずだとか。

もう少し複雑な例題、例えば、それまでは物体が一つだけという仮定をしていたが、二つあるとする、と考える。すると、どういう仕組みで前の例題より難しくなり、仮の解法ではどうして解けないのかを考える。

③足場をだんだんと高く、強くする――ちょっとしたプログラムを作ったりしていろいろためす。解法の足場をだんだんと組んでいくのだ。たとえ細い針金でも足場を組むまで、長く休んではいけない。足場は休むと崩れてしまう。高い建物ほど広い足場がいる。

自信がついたら実問題を解いてみる。これが正しいと証明できないか考える。逆に、その方法では解けない例題を作れないか考えてみる。この逆に考えるというやり方は実に有効な方法である。

こういったことを繰り返すのである。

こんなことを積み重ねていくと、なぜか、まるで自分が問題自身になったような感覚が生みだされてくる。ある問題を考えると、現在の考えでは足りないところに対応する体のどこかが痛い。そんな感じが生まれると、もう、しめたものである。

将棋や碁の棋士が、相手に厳しい手を打たれると「いたた」などと言うのもそんな感じではないか。

10. できるやつほど迷うものだ

どんな研究も、始める前はばら色に、始めるとすぐに行きづまりか不可能に、そしてできてしまえば、こんな簡単なことでいいのだろうか、というふうに変わっていく。「できるのだろうか」という不安と、「あー、よかった」という達成感――この両方のコンビで味わう経験が知的体力の強力な土台になる。

◉私の大学院時代――早く格好のいいことをしなければ

実を言うと、かくえらそうなことを言う私自身が、大学院時代に思い切り悩んだ経験がある。

自分で言うのもなんだが、私は小学校から高校、そして大学の学部まで「成績優秀」タイプであった。まず、記憶するのが楽にできた。だから、手帳などもち歩かなかった。電話番号から、人と会う約束の時間や場所もずっと一年先まで全部記憶していた。

必然的に、答えのわかっている問題を解く試験は得意中の得意、どの教科も一〇〇点を取るつもりで、一種のゲーム感覚で楽しんでやっていた。というわけで、『よくできる』と人に思われている」という変なコンプレックスがあった。

大学院博士課程に入るとその気持ちからか、早く格好のいいことをしなければという何かプレッシャーのようなものを自分自身に課していたところがある。数学的でちょっと格好よさそうな題目の研究論文を読むとよくわかるから、すぐにいいことができるような気になってそれにとりかかる。

前にも言ったように、研究は試験と違って、その問題が解いて価値のある問題か、そもそも答えがあるかどうかがわかっていないから、そうやすやすとできるほど甘くはない。すぐに行きづまる。これはいかんというので、また次の課題、そして、また次と、いろいろやっているうちに、ずいぶんいろんな分野の論文も読んだので物知りにはなったけれど、何もできない。あっと言う間に課程三年間のうち、二年ほどたってしまった。このまま何もできないで終わってしまうのかと焦《あせ》りが出てきた。

その時、当時助教授、現在、京都大学総長の長尾真先生が「金出君、もう少し具体的なことをやったら」と言われ、人の顔のデジタル画像データベースの存在を教えられた。そのデータベースは一九七〇年の大阪世界万博の時に先生が集められたもので、一〇〇〇人の人の顔がデジタル化された、当時としては破格のものであった。「このデータベースの画像が全部うまく処理できて認識できるようなプログラムができたら、それだけで立派なものですよ」というわけである。

私はもっと理論的なことがしたいという気もあったが、ままよと思ってとりかかった。それだって、とんとんと行くわけではない。すぐに行きづまったが、確かに目標が具体的だから、見通しがきく。なんやかんや、がんばって一年で最後まで行ってしまった。

結果的に、私の博士論文は人の顔の認識を、画像の入力から、特徴抽出、判別まで一貫してコンピュータで自動的にやった、しかも十分なデータで裏付けされた、世界で最初の仕事（アメリカの国家科学財団のレポートにもそう認定された）として、ちょっとは知られる研究となったと思う。

◉具体的な目標とメタ研究

この経験は私のその後の研究生活において非常に重要な役割を果したように思う。研究、開発というものは具体的な目標をもったものでなければいけないという当たり前のことである。

何かいいことをしたいとか、数学的にスカッとした研究がしたいとか、本質的で基礎的な研究がしたいとか言う人がよくあるが、それは目標ではない。それは終わって初めてわかる、その研究の性質や結果に関する希望である。だから、研究が行きづまる――必ずそうなる――と、「こんなことをしててもいいことができるのか、本質的な問題をやっているのだろうか」とかいう、その研究課題そのものではなく、そのやり方やまだできてもいない結果の性質について考え、思い悩み始める。

私は、この現象を、研究そのものをするのではなく、「研究について」研究するという点でメタ研究と名づけている。メタというのは論理学などにおいて、「それについての、高次の」といった意味である。言語について議論するためのメタ言語は言語学に必要なものであるが、メタ研究は研究を進めるのに必要ではないし、役に立たない。

ところが、具体的目標があると、行きづまっても、どこへ行きたいかという先の目標が見通しや指針を与えてくれる。その目標を変えたり、下げたり、時には、上げたりすることでよりよい結果が出たりするのである。

◉不安と達成感のコンビが知的体力の土台

実は、研究における行きづまりの強烈な不安感と迷いはほとんどの研究者が一度は経験するし、何かをすでに成し遂げた人でさえ、常にもっているものである。

「できるのだろうか」という不安と、「あー、よかった」という達成感――この両方をコンビで味わう経験が知的体力の強力な土台になる。

カーネギーメロン大学のコンピュータ科学科やロボット研究所の博士課程の大学院生のように世界からえりすぐりでやってきた人たちでさえ、この経験は避けられない。いや、だからこそ余計にそのわなに陥《おちい》りやすい。

そういう不安感と迷いに悩んでいる学生たちに、私は「お前は俺とまったく同じだ」と言う。そして、自身の経験から、具体的な目標を設定できる課題を選ぶこと、心配せずにねばり強くやれば必ずいいことができるとアドバイスしている。そして一言、殺し文句を付け加える。

「できるやつほど、迷うものなんだ」

11.「できない」から次が始まる

「できない」の典型的な例が、永久機械は作れないという「エネルギー第三法則」である。その結果、皆が機械をつくることをやめたかというと、まさに反対であった。外からエネルギーの供給を受けずに、内部的に運動を永久に作り出すことはできないとわかったことが、熱効率という、よりよい機械をつくる最大の指針を与えることになったのである。

ネガティブな結果こそ、ポジティブなのである。

◉科学の進歩は限界を先に、先にと追いやる

「科学の時代はすでに終わった。これ以上新しい発見はないだろう」と言う人がいる。科学者のほとんどはその考えに否定的だが、なかには、「新しい発見はこれから一つも生まれないことを証明した」という論文を発表した人もいる。

しかし、現実にはそのようになってはいない。例えば、コンピュータの進歩にしてもそうである。コンピュータは一九六〇年代から倍々ゲームで進歩してきたが、八〇年代の一時、そのペースではもう進歩しないだろうといわれたことがある。というのは、シリコンの上にこれ以

上の細い線は描けない、これ以上小さいトランジスタのスイッチは作れない、磁気ディスクの記憶密度はこれ以上上がらない。ペースダウンは必至だというのであった。しかし、そうなったか？

いまだに、インテル社の創業者の名をとったムーアの法則とよばれる進歩のカーブは維持され続けている。とは言っても、今のままの方式を続けているかぎり、物理的な限界は当然あるだろう。常にある。しかし、その限界が先へ先へと追いやられ、そして次の新しい方式が生まれるということは大いにあるのだ。例えば、量子力学を用いた量子計算機などというものも考えられている。

◉科学者が不可能と言った時は、高い確率で間違っている

『二〇〇一年宇宙の旅』の原作者のアーサー・C・クラークが技術の三法則として、面白いことを書いている。

第一条：科学者があることは可能であると言明した時は、彼はほとんど間違いなく正しい。彼が不可能だと言った時は、非常に高い確率で間違っている。

第二条：可能性がどこまであるかという極限を発見する唯一の方法は、それを少し越えて不可能な領域に思い切って冒険して足を踏み入れてみることである。

第三条：十分に先進的な技術はどれもマジックと区別がつかない。

ところでクラークは普通「SF作家」と言われているようで、衛星による通信・気象観測などを戦後すぐのスプートニクより前の時代に具体的に提案した人であることは、日本ではあまり知られていないが、注目に値する。

確かに、われわれ研究者は、「何々は不可能である」ということを証明する論文を書いたりする。しかし、それは多くの場合「できない」ということを証明するだけが目的ではない。「このままではできない」ので、新しい考えや何かが必要であるということであり、その新しいものが何であるべきかということを選《よ》り分けるためでもある。

「何々はできない」という理論は一般に難しいものが多いので、直感的にわかりやすい、私自身の視覚に関する例で話をしよう。

私は、一九七七年から、カーネギーメロン大学に客員研究員として一年半滞在した。それが、私の研究生活の転機になった。当時、二次元の絵から、元の三次元の立体を算出する「折り紙世界の理論」と名づけた方法の研究をしていた。

「折り紙世界」について解説しておこう。人は紙に描かれた線画から立体をイメージすることができる。例えば、角砂糖一個を斜め上から見た図を描けば、それを立方体と認識する。しかし、その線画は平面に描かれた直線九本の集まりでしかない。そんな図形から、人はなぜ奥行きのある三次元の形を認識するのか？　「見たことがあるから」とか「学習の結果である」と言ってしまえば実もふたもない。研究はそこで止まってしまう。

私は、もっと数理的にこのメカニズムを解明できるのではないか、と考えた。そこで、平面を直線に沿って、切る、折る、貼るの三つの操作の組みあわせだけでできる三次元物体からなる世界を考え、それを「折り紙世界」と名づけた。折り紙世界は明らかに、われわれの住む実世界よりは小さい。例えば、実世界にある円柱は平面を曲げる操作がいるし、球は平面ではどうしてもできない。しかし普通の部屋の形や机、箱など多くの形を（近似的に）あらわしている。

二次元の線図形が与えられた時に、それに対応する「折り紙世界」中の三次元物体の形を逆算する数学的理論を研究したのである。

私は、平面に描かれた図を三次元に逆算すると、導き出されるのは当然、一つの物体だろうと思っていた。人は角砂糖の図から、立方体だけを認識するからである。ところが、折り紙世界の理論を実現したコンピュータプログラムで計算すると、複数の立体が導き出されてしまう。最初、私はやり方が間違っているのかと思って、プログラムをつくり替えた。やはり複数の立体が出てきてしまう。ただの箱にしか見えない単純な絵でも、その元となり得る立体として七種類あるという答えが出る。それらの形を実際につくってその写真を撮ってみると、全部確かに箱のように見えるのであった。

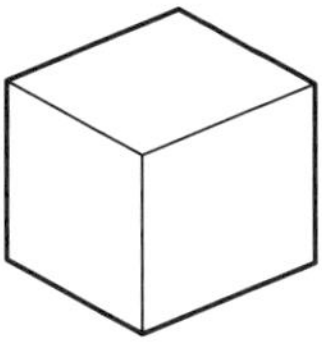

立方体？

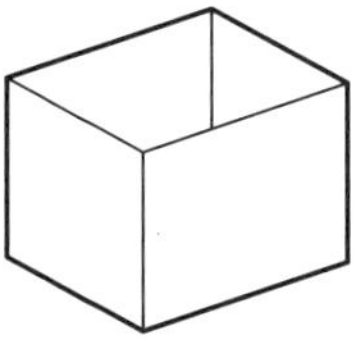

箱？

それはそのはずだ。私の理論が正しければ、そうなるような形を計算したのだから。

◉ネガティブな結果こそポジティブである

私は困った。どこか考え方に根本的な間違いがあるのではないかと、いろいろ考えた。結果、ようやくわかったのは、実は、あり得る形として答えが複数あるというのは、正しいことだということであった。あり得る形として一個の解釈に決めることはできないということだ。われわれ人は、箱の絵を見て、経験から立体としての「いわゆる箱の形」をありそうな形として、想像しているのにすぎない。私は「あり得る（Possible）」と「ありそうな（Probable）」をごっちゃにしていたのだ。

実はこれが「折り紙世界」以前の理論がうまくいかなかった盲点だったのだ。そして、ありそうな形を決めるためには、別の要素を取り入れた理論がいるということで、折り紙世界の理論をもっと一般的なものにすることができた。それが私の博士論文以後の理論的な仕事の、いわばちょっとした出世作となった。

ところで、余談であるが、英語のPossibleとProbableは辞書を引くとどちらにも、「あり得る、ありそうな、多分」といった訳語が並んでいて、もうひとつ差がわからない。夏目漱石は英語教師をしていた時に、その差を学生に質問されて、

「教師たる余が今、教壇で逆立ちをするのはPossibleであるが、Probableでない」と説明した

そうである。さすがである。私が形の復元において上述の差に思い至ったきっかけの一つは、このエピソードであった。

さらに、人は一つの形「しか」考えることができない、ともいえることに注目しよう。もし、人がコンピュータのように、一つの絵から可能な解釈として、複数の立体を考える能力があるなら、かえって困ることになる。図で立体を表現しても混乱を招くだけとなる。絵や写真、映像などを見て、一人一人の考える形が違えば、伝えたい形を正しく伝えることはできない。たとえて言うと、違った意味が一〇ぐらいある単語を使って、コミュニケーションをとるようなものだからである。もっとも、私は今までに、「箱」の絵から、「いわゆる箱」以外の可能な形を考え付くことのできる人に会ったことはないから心配はないようであるが。

「折り紙世界」の場合は「解釈を一つに特定できない」ことが研究の転換点だったのだ。「できない」→「どうしてだ?」→「できないのが正しい」→「それなら、何を考えればよいか」と、新しい発想に結びついたのであった。

「できない」と制約されていることを知らないと、よいアイデアは生まれないどころか、その中にとらわれて、もがくことになってしまうこともある。しかし、誰かが、「あなたは、本来できないことにもがいているのですよ」と示したら、「じゃあ、研究をやめようか」というのではない。そこを避けて通る、あるいは、それはできなくても多少の変形として、良い問題とその解答があるのではないかと、逆の視点から考える。そういう思考法こそが大切なのである。

12. アイデアは「人に話して」で発展する

人に話すのは必ずしもその人に答えを教えてもらうとか、アイデアを聞くということが目的ではない。たとえ、相手がその道の大家であってもである。そうでなくて、話すことで自分のアイデアを磨く、不備に気づく、触発されて新しいことに気づく、そして、それを人に納得させる筋書きをつくる練習をするわけである。だから、英語では「サウンディング・ボード(音の反射板)になってくれるかい?」という言い方をする。

◉「日本人にはアイデアがない」というのは嘘である

日本の大学院生に「どんなことをやっているんですか」ときくと、「つまらないアイデアだから、先生に聞いてもらうほどではない」と言う人がいる。また、「素晴らしいアイデアを思いついたのだが、まだ完成していないから、口外しない」と言う人もいる。「不言実行」が美徳という考え方もあるかもしれないが、私に言わせれば、両方ともはなはだ疑問に思える。これまでの経験からすると、そういう人のアイデアが後で実を結んだというのを耳にすることは少ない。

いっとき盛んに、そして今も時々知識人といわれる人たちが言う。「日本人は想像力やアイデアがない」。これは嘘である。素晴らしい着眼点や発想力をもっている人は日本にも大勢いる。複数受賞のノーベル賞をもちだすまでもなく、われわれの身の回りでもさまざまな工業製品、携帯iモード、ゲームソフト、漫画アニメなどきりがない。

ただ、アメリカから見て思うのは、もしわれわれ日本人一般に残念ながら訓練の足りない面があるとすると、それは、せっかくのアイデアを練り、昇華し、見通しよく、人にわかりやすいかたちに結晶させて、伝え、納得させ、そして人をそのアイデアの信奉者にする力のように思う。アイデアは人に伝え、わかってもらえなければアイデアでない。

では、アイデアを昇華させるには、具体的に、どのようにしたらいいか。

どんなアイデアでも、最初は単なる思いつきにすぎないということが多い。アイデアを練る方法は、考えついたアイデアを人に語りかけ、そのやり取りでまともなアイデアかどうかをチェックし、関連した知識を得、不備な面を修正するのである。アイデアを昇華させるキーは「人に話すこと」といえよう。ほかの人もいろいろ考えているものだからだ。

◉アイデアを人に話していると、突然、考えていなかったことが……

自分の頭の中だけで考えている時は陰に考えるので、そのアイデアのすべてが正しく思える。しかし、人に話す時には相手を納得させようとするので、陽に言わなければならない。例えば「このアイデアはいいですよ」と口で言った途端に、「じゃあ、理由は?」と聞かれるにきまっている。「こう、こう……」と明確に言えなければならない。すると、自分のアイデアのどこに穴があるかわかってくる。

例えば、「Aであると仮定しよう」と相手に言う。「その仮定は正しいですね」という反応であれば結構だが、「その仮定はちょっとやりすぎじゃないですか」という反応であれば、

①「確かにやりすぎだ。この仮定は即座に撤去しなければならない」

②「確かにやりすぎかもしれないが最初の試みだから、思い切って簡単にそうやってもいいのじゃないか」

③「いや、この仮定は重要だ。置いておくための理由付けを強化しよう」

と考えたりするのである。

そして、「じゃあ、まずは②でいこうか」と相手や、(そしてより重要なのは)自分の中の別人を納得させて、アイデアを次へと発展させるのである。

人と対話していると、例えば、「それはどういう仕組みでうまくいくんですかね?」と聞かれて答えなければならない。すると、「これは、こういうわけなんですよ」と今まで考えもしていなかったアイデアが突然にひらめき、「あれ? 今、理論ができてしまったよ」となることもある。

実は、前出の私の「折り紙世界の理論」はまさにそうしてできたのだ。その前段階の、今か

ら見るとまったくつまらない理論をA・ニューウェル教授に話していた時、「タケオ、似たようなことをやろうとした誰それの仕事とどこが違うのかね?」と訊かれて、「それはですね……」と言いかけた時にパッと浮かんだのであった。

何年か後にニューウェル教授に「あの質問のおかげでいいことができました」と言ったら、「そんなこと言ったかね」との返答であった。

アメリカの大学では、学生も教授も、自分のできかけのアイデアを人に楽しそうに話しかけるのが好きな人が多い。そのために研究所の廊下のそこここに黒板や椅子があって、そこで話し込む姿が見られる。日本でも広めたい習慣だと思う。

◉アイデアを人に話すと盗まれないか……

「ドクター・カナデ、あなたのようにアイデアをオープンに話したら、他人に盗用されてしまうではないか」

研究者や企業の人たち、そして学生からも言われることがある。私は、そう言う人には、次のように、三つの場合に分けて考えてみようと答える。

①相手はすでに知っていた――もともと知っていたのだから、たいした損害はない。せいぜい、相手を元気づかせた程度である。

②相手はまだ知らなかったが、そのアイデアに全然興味がなくて、忘れてしまった――何の損

害もない。

③相手はまだ知らなかったが、自分が言ったことで、相手が自分よりも先にいいことをやってしまった。

問題になるのは③の場合である。一番まずい。「そこで」と、私は学生たちに言う。

「相手は知らなかった。ということは、あなたよりもあとから考え、やり始めたということだ。しかも先にいいことができてしまった。これは何を意味するか。敵のほうが頭がよく、やり手であることが証明されたようなものだ。つまり、相手のほうが先に何かやる確率が、もともと高かったのだ。結局、言っても言わなくても、いずれ向こうに負けただろう。この場合は、諦《あきら》めたほうがよろしい」

13. 私の原体験をこじつける

研究者は次の三つのことを知らねばならない。①よい結果を得る方法には仕掛けがいる、②結果は何もないところから手品のようには出てこない、③よい結果をかぎ分ける力が重要である。

私は、自分の子供時代が貧乏だったという変な自慢話をする癖がある。そこから、これらの重要性を「証明する」うそのような本当の話をしよう。

◉私は、何でも自分でやる子供だった

私は兵庫県氷上郡に五人兄弟の末っ子として生まれた。

当時、家が貧乏だったせいもあるかもしれないが、私は小さいころから、好奇心が強く、買わずに、何でも自分でつくってみる子供であった。しかし、残念ながら考えがちょっと足りなかった。こんな思い出がある。

小学校に入る前、近所の川で釣りをしようと思った。釣り道具を買ってほしいとは言えない。そこで、自分で作ることにした。釣りをしている人の様子を観察すると、J字型をした針

金が糸の先についている道具で釣っているのがわかった。「よし、あれさえあればいいのだ」と、針り金をペンチでJ字型に曲げてつくり、白の木綿糸にくくりつけ、先にミミズをつけて橋の上からたらしてみた。しかし、何回やっても釣れない。ミミズは取られるばかりである。白の糸がよくないのかと黒に変えてもだめであった。

以来、私は魚釣りが好きになれないでいる。

釣れないのは当然で、釣り針には魚が食いついたら引っ掛かる戻りの仕掛けがいることに気づかなかったのである。

私はこの話が好きで、戻りのついた釣り針を見るたびに、これを考えた人はすごい、きっと魚に逃げられた挙句《あげく》にあきらめずに考えたのだろうと感心せずにおれない。

◉金の出るふた

小学校一年生の時には神戸に移った。

二年生の時である。当時、放課後になると学校の裏門のところに、子供を相手に商売する行商人がいろいろな店を出していたものである。

ある日、すごいものを売っているのを見かけた。瓶のふたのようなものを、「一、二、三、……」と振ると、中に一〇円硬貨が何枚も入っているのだ。それを見て、「これだ！　これさえあれば、うちは貧乏から逃れられる」と思った。聞くと一〇円だという。「おじさん、待っててね。お金、取って来るから」と言うや、家まで飛んで帰った。

「ものすごいもの見つけた。一〇円くれたら買ってくるから」

息せき切って母親に言うと、

「それは手品だから、お金なんか出てこないわよ」

「いや、絶対違う。絶対出てくるから」

と言い張って……。いつもは無駄遣いさせない母親なのだが、その時は、どういうわけか一〇円くれたのである。そのお金を握り締めて一目散に走って戻った。おじさんがもう帰ってしまっていたらどうしようとドキドキしながら。そして買った。

また家に走って帰って、そのままトイレに飛び込んだ。なぜトイレに飛び込んだのか、今でもわからないのだが、「一、二、三、……」とやってみた。何も入っていない。体中がかあーっと熱くなって、もう一度、息を落ち着かせて「一、二、三、……」。また入っていない。何回もやった。ついに「これは出てこない」ということに気がついた。

「たいへんなことをしてしまった」。その途端、涙がこみ上げてきて泣きじゃくったのを、今でも鮮やかに思い浮かべることができる。

私の強烈な失敗談だが、今でも、その時の母親への申し訳なさ、そして、小学校二年生にもなって、こんな話にだまされた悔《くや》しさ、自分のバカさなどが、目に浮かんでくる。しかし、こういう経験は教えてもらって学べるものではないと私は思っている。この経験は、それからあとの私の人生のどこかでエネルギー源になっていると信じている。

◉銅の匂い

昭和二十年代終わりから三十年代の初めの神戸での小学校時代である。あのころは誰でもそうであったが、なべやドアの取っ手など家で不要になった金属製品はもちろん、道に落ちている金属を拾い集め、時々「たまってィーン、たまってィーン（たまってますか）」とやって来る廃品回収屋に売って生活費の足しにしていた。

私は例によって、こういうことには人一倍熱心な子供であった。もう、小学校の三、四年生になったころには、金属をパッと見ただけでそれが鉄、ブリキ、錫《すず》、真鍮《しんちゅう》、アルミなどとわかった。ところで、中学生になった自分の子供に真鍮の棒をみせて、これは何かと聞くと、わからないと言う。「駄目だな、お父さんなんか小学三年には……」と言い出したら、「時代が違う」とのことであった。

いずれにしても、金属の中でも銅は特に高く売れる。その目利《めき》きには自信があった。ある時、道を歩いていたら、人に踏まれ、土ぼこりだらけの直径一センチ、長さ五〇センチほどもある縄のようなものが落ちている。心臓がドキドキするのが自分でもわかった。私には見た瞬間、それが銅だとわかったのだ。拾い上げたら、間違いなく銅であった。そして「たまってィーン屋」に当時のお金で一五〇円（今で言うと一〇〇〇円くらい）で売れた。大収穫であった。

それから三十年後のある日、木を植えるためにピッツバーグの自宅の庭を鍬《くわ》で掘っていた。鍬の先に何かがあたった。三十年前と同じドキドキがする。あれっと思ってそこを見ると銅の長い管が埋まっていた。銅の匂いをかぐ力はまったく衰えていなかったのだ。

時代が違い、売れもしないから、また埋めておいた。

14.

「玄人発想、素人実行」――これはまずい

「素人発想、玄人実行」がいいというなら、その反対で都合の悪いのは、「玄人発想、素人実行」ということになる。私が、いろいろな人との会話でこれを言うと、皆思わずニタッと笑う。世の中には結構多く、心あたりが少なくないのであろう。

◉私の苦労話――昔のコンピュータ

実際、私が「素人発想、玄人実行」という標語を考えついたのは一九七〇年代の京大時代に、まさに玄人の発想と素人の実行のやり方で作られたシステムで苦労した時である。

次に述べる私の苦労話の面白さをわかっていただくためには、今となってはもうコンピュータ博物館にあるだけとなった道具の説明をしなければならない。

二十五年ほど前まで、プログラムやデータをコンピュータに入力するためには、正式名ホレリスカード、通称IBMカードとよばれるものを使っていた。

IBMカードと言っても現在のPCカードではない。小切手ほどの大きさの横長のボール紙である。たて一二行よこ八〇列に穴をあける場所がきまっており、各列ごとにみてどこに穴が

あいているかで数字やアルファベットを一行分八〇字表現する。これに穴をあける機械はカードパンチ機とよばれ、机の大きさの重厚な機械であった。キーボードでタイプするとカードが進み、パンチ部でガチャガチャと穴をあける。コピーや修正する時は、一方のリーダ部で元のカードから読みとりながら、パンチ部で新しいカードにコピーし、適当なところでスキップしたり、新しい字を挿入する。

一〇〇〇行のプログラムには一〇〇〇枚のカードが必要で、それをジュラルミンでできたぴかぴかのスーツケースに入れ、誇らしげにもち歩くのが当時のコンピュータ技術者のファッションであった。

◉エディタは何のため

七〇年代の半ば、私は京大で助手をしていたが、アメリカに来てEMACSとよばれたエディタを使う機会を得た。

今となっては当たり前だが、現在のテキストエディタとまったく同じようにスクリーン上でカーソルを動かすことによって、文字、単語、文章単位でファイルの作成、編集をするスクリーンエディタの草分けである。複数のウインドウも同時に作れて扱える。さらに、単にエディタというよりはオペレーティングシステムとつながっており、EMACSからプログラムの実行などもできる。ただ、カーソル操作はマウスでなく、すべてキー入力である。

そのキーの定義が直感的、しかも極めて柔軟だから一つのやり方を知ると他が自然と類推できる。だから、ほんのちょっと基本を教えてもらうとすぐ始められ、やればやるほどほとんどマニュアルを見ずにでも自然と上手になっていく。

私はなんと便利なものを作る人があるのかと思った。古手のコンピュータ屋には今でもマウスでごちゃごちゃやるよりこの方が好きと言う人も結構多い。コンピュータソフトの歴史において金字塔であろう。

さて、日本に帰ってきてみると、当時京大の計算機センターには日本を代表する計算機会社二社のものが入っていた。学生のプログラミング授業をするのにまだカードも使われていたし、画面を使っての編集もせいぜいラインエディタといわれた一行一行ずつコマンドでやるものばかりであった。そこで、H社のシステムエンジニアに「お宅で、学生実験に使えるスクリーンエディタはないか」と聞くと、「勿論《もちろん》ある」と言う。じゃあそれを使おうということで入れてもらった。私はEMACSのような機能を期待していた。

ところがである。ウインドウとかいった概念がないのはともかくとして、そのエディタには文字という概念しかないから、次の単語に移るとか、前後の文章や節の初めや終わりに移るとかができない。一字ずつズーと進めたり、バックしていくしかない。そもそも、一行の文字数を八〇以外にかえるとか、現在の一行を二行に割るといったことがどう試してみてもできない。

思いあまってそのエンジニアに質問すると、「先生、カードは八〇文字でできています。それにカードを半分にちぎるというようなことはあり得ないですよ」と言う。

「なぁーんだ」、このエディタはIBMカードパンチ機の機能をそのままスクリーンに移したものにすぎなかったのだ。このコンピュータ会社の専門家にとっては「テキストファイルの作成、編集」とはカードパンチ機を扱うことと同等で、それ以外は考えつかなかったのだ。つまり、玄人発想なのだ。

もし、手紙をタイプしてもらっている秘書に尋ねるか、自分が上司へのレポートを書いている時をちょっとでも思い浮かべれば、もっと違う機能を考えただろうに。

われわれ日常の身の回りでも、複雑すぎて誰も使わないビデオテープレコーダーのリモコンなどは玄人発想のよい（つまり、悪い）例である。

◉アプリケーションごとに違う数字入力の方法

反対に、もし玄人らしく実行すべきことを素人が実行したらどうなるか。その結果もフラストレーションのたまるものが出来上がる。

七〇年代初めはミニコンピュータ、略してミニコンの時代であった。ミニコンの初期はオペレーティングシステムのないもの、あっても簡単なものであった。その身軽さがミニコンの身上なのだ。メモリも三二キロバイトなどと少ないから、それを操作するには今では考えられないようなことをわれわれユーザーが自分でする必要があった。その一つが制御アドレスの設定とよばれるものであった。

当時はＵＳＢなどという、つなげば自動的に認識してくれる便利な標準バスはなかった。外部の装置を接続するためにはメモリの特定の番地（制御アドレスとよばれた）を装置ごとに割りあてる必要があった。

制御アドレスはミニコンの所有者が勝手に設定するのでミニコンごとに異なっている。したがって、アプリケーションプログラムは起動されると最初に必要な装置の制御アドレスを訊いてくるように作ってあった。だから、プログラムを使うたびにこの質問に答えるという面倒な操作が必要であったのだ。

ほとんどのミニコンでは制御アドレスは四桁《けた》の数で表した。制御アドレスは０００３とか００２５とか小さい数が多い。四桁の数と言っても、日常生活では０００３は「３」、００２５は「２５」と前の０を省略するのが普通である。

Ｆ社ならＦ社のミニコンのいろいろなアプリを使っていると、ある時、０をタイプする手間を省《はぶ》いて、０００３のかわりに３とやってもうまくいく。親切なものだと思って、別のアプリでおなじことをやると、「エラー：不正なアドレスです」などと言って、０００３と四桁全部タイプしないと受け付けてくれない。いったい、どっちにしろと言うのだと腹が立ってきた。

こんなに長い話を聞いて、「なんだ。たったそれだけのことか。腹を立てるほうが悪い。０

003とやればいつも受け付けられるのだから、そうすればいいじゃないか。3とできるのはおまけと思え」と言われるかもしれない。いや、私に言わせると両方受け付けるソフトと片方だけ受け付けるソフトが混ざっていることが大問題なのである。

それは、その会社ではユーザーから数の入力を受け付ける機能ルーチンを別々のアプリごとに別々の人が書いていたことを示している。それは素人のやり方、素人実行である。同じ会社のすべてのアプリで、そういった機能ルーチンは同じ人が書いたものか、あるいはまったく同じ仕様のルーチンを使うべきなのだ。プログラムのプロ、玄人なら、統一性、品質管理、将来の改定をやりやすくするなど、あらゆる点からそうするべきであるのは誰でも知っている。

システムを作る人は、ユーザーはシステムと会話しているのだと知らねばならない。システムの使い方というものは、実は、ユーザーがマニュアルを端から端まで読んで覚えるというものではない。ひとまず使ってみて、その一つ一つのアクションに対するシステムの反応によって、ユーザーが頭の中にそのイメージを自然と作り上げていくものなのだ。

その時に、いかに簡単なこととはいえ、一貫しない反応をシステムが返していたのでは、ユーザーを混乱させるだけで、信頼感は生まれない。ちょうど、システムとユーザーは教師と生徒の関係にあるのだから。

ここに書いた例は日本の情報処理産業がまだ、あまり発達していたとは言えず、アメリカに大きく遅れを取っていた時代の話である。今ではこんなことはなかろうと思う。

しかし、使う人が何がほしいと思うか、どう感じるだろうかという原点から出発して、その機能を高いプロ技術で体系的に作り出したソフトウェアの傑作EMACSと、その反対に、プロと称する人が本当の使い手とは無関係に機能を勝手にきめて押し付ける、一方、作り方はアマチュア的という失敗作ソフトの例は十分に示唆的である。

15. 独創、創造に関する三つの反常識的説

この章では新しくものを考え、作り出す話をしてきた。創造的などと言うと、特別な人が、特別な環境で、特別なやり方でできると思いがちである。意外とそうではないのではという、独創、創造に関するいわば反常識的な説を披露して皆で安心したいと思う。

◉「独創はひらめかない」

独創的な人は「ひらめく」とよく言われる。すると、私も含め、たぶん普通の人はそんなにひらめいた経験はないから、自分にはとても無理と思う。しかし、私はアイデアはひらめくというより、長い間考えた末の結果であることのほうがはるかに多いのではないかと考える。

アダマール変換などで有名な数学者のアダマールという人が書いた『発見の心理』という本がある。十九世紀後半のフランスの大数学者ポアンカレが、ある日馬車に乗ろうとステップに足をかけた瞬間に、ある一つの重大な問題の解法を思いついたという。

なぜひらめいたのだろうとアダマールは言う。それは、ポアンカレが日頃からその問題を持続的に考えていて、それが積みに積み重なり、コーヒー沸かしパーコレータの管を熱湯がよじ

登るように、アイデアが沸騰し、タッタッタッと近づき、彼を激しく一撃した。その瞬間に閾《いき》が開き、解法がポンと飛び出たと解釈すべきだと言うのである。実際、ポアンカレの話を聞いたほかのフランスの数学者が自分もそれにあやかろうと、何度も馬車のステップに足をかけたが、良い考えはひらめかなかったという。

日本の数学の大家、岡潔《きよし》先生もよいアイデアはいつも奈良の道を散歩中出てきたと言われている。こういったことはどこの学者も真似するものらしく、同じ散歩道を歩く日本の数学者が見られたらしい。

私自身のささやかな経験でも、結果的によかったアイデアは、ああでもない、こうでもないと堂々巡りし、式を立ててみても、同じ難しさに到達する、自分でもなぜ同じことをいつまでもと、嫌になりかけたころに、なぜか高揚した気分になってハタと気がついたものだったという経験しかない。

その時は自分でわかる。そんな時には、胸が高鳴り、ドキドキしてしまう。

そのアイデアを同僚やスポンサーに説明する場面を想像する。皆が「すごいこと、考えたなあ」と驚いた顔をする。その場面が鮮やかに思い浮かんだら、いいアイデアだ。しかし、「説明しても、あまり納得する人はいないだろうな」と思う時は、あまりいいアイデアではない。

アイデアというのは、それまでまったく考えていなかったことが、瞬間に突然ぱっとひらめくというものではない。頭脳を絞《しぼ》って考えたり、実験したり、いろいろやり続けていると、

「あ、こうに違いない」とぱっとでてくるのである。

アイデアは思考の持続がないところには生まれないのではなかろうか。

◉「創造的な人は学校の成績がよい」

こっちのほうが常識的だという人が多いかもしれないが、あえて出そう。終わりまで読んでいただければその心はわかっていただけるだろう。

ノーベル賞をもらったような人の話が新聞に出るとよく、その人が学校時代にいかに成績が悪く、時には問題児であったかということが逸話として書かれる。いわく、アインシュタインは学校のびりで退校させられたとか、させられかけたとか、つい最近も、二〇〇二年のノーベル物理学賞受賞者の小柴昌俊教授は高校時代、物理の成績が悪く先生にあきらめられていた、などなどこの手の話には事欠かない。

私はあれは少なくとも半分くらいは話を面白くするための作り話か、誇張だと思う。

仮に真実であるとしても忘れてならないのは、アインシュタインや小柴教授は学校時代の成績が悪かった「から」独創的な仕事ができたのではないということだ。悪かった「にもかかわらず」できたのだ。

大体私が個人的に知っているすごい仕事をした人には共通する特徴がある。まず、博識である。自分の分野だけでなく、ほかの分野も。つぎに、頭の回転が速い。相手の言っていることと自分の言いたいことの間にある共通点と矛盾点、それらの論理関係に気がつくだけでなく、それらに関連する事実をさっと引き出すことができる。だから、議論が面白く、はりがある。さらに、ジョークがうまい。日常の出来事と自分の学問分野が関連付けられているから共通点と矛盾点を誇張したりして、そのおかしさに品があり、一つの真実があるようなジョークがいえる。

こんなことのできる人たちが、学校の成績「くらい」——というと失礼だが——できなかったとは考えにくい。せいぜい何かの理由でやらなかったくらいだろう。だから、アインシュタインや小柴教授のエピソードを楽しい話題としたり、できない学生に励ましを言うのに使うくらいはいいが、「だから、勉強しなくてもよい」というふうに使う教師は問題である。勉強はできるに越したことはない。

◉「創造の基本は物真似である」

独創、創造と言うと、誰も考えつかなかったすばらしいアイデアを初めて思いつくことだと考えがちだが、実はそういうことはめったにない。実際、人が成功したアイデアに対して「俺はもっと前に考えていたんだ」とか言う人が必ずいる。それは必ずしも負け惜しみだけではない。

私自身の経験に照らしてみても、私の成功したとされている仕事について、「それは結局、標準的な最小二乗平均あてはめ法と本質的に変わらないのでは」と言われてみると、確かにそうだというところもあるし、ほかの人のすばらしい仕事とされているものについて、ああ自分も前にやったのにと思うこともある。

確かに事実そうなのだ。科学史や技術史をみても誰かが以前に考えたのだが、当人に実行する力がなかったとか、最後まで目標を追い求めず、追及の仕方が中途半端で十分実を結ばなかったとか、あるいは、これもよくあるのだが、その時点で使える技術や道具が不十分であったということがきわめて多い。

過去の特許、特に実を結ばなかったものを丹念に調べるとアイデアの宝庫だと言う人がある。特許はアイデアとしては一歩先んじているが、現実としては実行できなかった、要求がなかったとかの場合がほとんどなのだから。実際、アインシュタインは特許局に一時勤めていたのでそうしたという説もある。

ベンチャー企業成功の条件は、逆説的に言えば皆が考えるようなことをやることである。皆が考えているのだが、誰もできなかった、思い切ってしなかったというのが成功する。誰も考えたことのないようなものを急に商品にしたとしても、社会は心が準備できておらず、価値があることに気づかないのである。

何もないところから、突然考えるということは、普通はできない。これだけ多くの人がいるのだ。自分がいいと思うことは、他人も考えている場合がおおいにある。似たようなことを考える人は必ずいるものである。まったく誰も考えもしなかったアイデアは普通ろくなことはない。

真似をしてもいいではないか。最初は同じものだが、それに何を付加するか、それを昇華させるレベルが高いかどうかが勝負の岐路である。

というわけで、「ほとんどの創造は、真似に付加価値をつけたものである」。

独創、創造は無から有を生み出す魔法ではない。

第2章

コンピュータが人にチャレンジしている

問題解決能力、教育

16. コンピュータが人にチャレンジしている

「コンピュータは人と同じように考えるのでしょうか?」

最近、こうコンピュータと人を比較する質問をよく受けるようになった。コンピュータとロボットの急激な進歩と進化によって、この二つが私たちの生活に欠くことのできないもの、さらに将来にはもっと親密な関係になる時代が来るという認識が広まったということであろう。

一方、この質問の裏には、「コンピュータもロボットも人とは違う。しょせん機械なのだ……」と、将来、人の優位性を侵《おか》されることがないことを納得したいという願望も秘められているように思われる。

◉中心視野ばかりの網膜をもつクォーターバック

疑いもなく、人の目はきわめてすぐれたセンサーである。

われわれは本を読む時には目を字の上に走らす。その時、読んでいる部分から外れたところの字はなんだかボヤッとしてうまく読めない。目の網膜の中ほどにある中心視野とよばれる部分は、解像度が高く、字を読んだり、注視点を詳しく見るには適するが、そのカバーする範囲がきわめて狭いためである。その周りには、周辺視野とよばれる部分がある。周辺視野は解像度は低いが、広い範囲をカバーし、視界中の動きなどによく反応する。必ずしもその方を向いていなくても、視界の端に飛び込んで来た物にとっさに反応できるのはそのためである。われわれは首や目を動かして、注目すべき点を中心視野にとらえることで、二つの視野の特徴を組み合わせ、視覚情報を処理する。もっとも、首や目を動かさなければ、視野全体がわからないとも言えるが。

テレビ放送のパイオニアの名を冠した有名なデービッド・サーノフ研究所というところが、画像情報を効率的に処理する特別なチップを開発したことがある。『ニューヨーク・タイムズ』紙の記者がそれを記事にするのに、コメントがほしいと電話してきた。私は、「すばらしい研究成果であり、工業製品として高い将来性がある」とコメントした。すると記者はさらに、「このチップは、『一部だけの解像度を高くすることで、中心視野だけが解像度が高い人の目を真似ている。だから、人の目のように能力が高い』と開発者は主張しています。どう思いますか？」

と訊く。それに対する私の返事は表現効果をも考えたものだった。記者も気に入ったのだろう。『ニューヨーク・タイムズ』紙の記事は、私がチップのよさをほめたコメントを紹介した後、人の目を真似たうんぬんという点についてはこうあった。

「『しかし』とタケオ・カナデは言う。『もし、ここにフットボールのクォーターバックが二人いて、一人は中心視野ばかりの目、もう一人は狭い中心視野と残りは周辺視野の目をもっているとしよう。私は前者に賭ける』、と」（言いたいのは、彼は首をきょろきょろしなくても、どのレシーバーがカバーされていないか全部わかるからパスに必ず成功する、という意味）

メディアでは、サウンドバイトといって、取り出してさっと意味のわかる文章や語句を言うことが重要である。これまでの中でも私の自信作のサウンドバイトであった。

この話からわかるように、実は、私は、「人の仕組みを真似ているから良い」という短絡的な論理に批判的である。

◉「人は最適な機械」か

人はすばらしい「機械」である。目や耳などのセンサーの感度はすばらしい。筋肉はきわめて柔軟でエネルギー効率がよい。その制御もよくできていて器用である。それらの仕組みには目を見張るものがある。特に、賢い。知能情報処理において今のところ、人と同等な能力をもったものは人工物にも生物にもない。だから、なんとなく、

「人はこの世に存在する最も適切に設計された知的機械である」

と、思い込みやすい。実際、ロボットの機能を人のやり方をコピーして作ろうとする研究者の中にも、

「この仕組みは、長い間の進化によって人間に備わった、自然の淘汰《とうた》を受けたものです。だか

ら、この方法が最もよいのです」

という言い方をする人がいる。

しかし、その人間のやり方と称する方法が本当に人間がやっている方法かどうか、という疑問のほかに、「人は最適な仕組みをもつ機械である」ということ自体が本当だろうか。

人間は成長しなければならない。それに食べること、生殖すること、排泄《はいせつ》することなど必ずしも個々の機能と直接関係のないことも全部同じ体でしなければならない。物の操作能力にしても「手」という一般機械で全部処理しようとする。道具は体の外からとってこなければならない。目だって可視光線しか見えない。無限に回転したり、長さを変える仕組みをもたない。体のつくりや機能はＤＮＡに刷り込まれたものだからおいそれとは変えられない。獲得形質遺伝を信じなければ――現在、信じる人はまずないが――、進化の速度は微々たるものであるなどなど。実は、われわれは進化という重荷を背負っているのだ。

これまで、人と同じような、あるいはよりすぐれた知的能力をもった存在がなかったからといって、知的活動において、「人しかできない、人の仕組みが最適である」と考えるのは早計である。

上述の網膜の仕組みにしても、人の脳のクロックが極めて遅いことにしても、私に言わせれば、人はその仕組み「だから」というより、そんな限られた仕組み「にもかかわらず」すばらしい知的能力を出している側面が強い。だから、その能力に鼓舞されたり、そこから着想やヒントを学ぶことは理屈に合っているが、そのやり方を直接まねしたり、コピーすることは必ずしも賢いことと思えない。

◉人は問題解決能力を

こんな話をしたのには理由がある。

馬や自動車は人より速く走る。ゴリラや大型モーターは人より力が強い。こうもりや赤外線カメラは暗闇でも目が利く。鳥や飛行機は空を飛べる。人はこれらのことを認めるのにやぶさかではないようである。人への挑戦とは考えにくいからであろうか。ところで、自動車、モーター、飛行機は生物界の仕組みとはまったく違うやり方でその能力を実現している。

ところが、知能・感情・直感・愛情といったことになると、人間にしかあり得ないのが常識とされ、同じようなことやそれ以上のことができる、人間以外の存在は長らく一般には受けいれられなかったようである。

しかし、いまコンピュータはこの「常識」にチャレンジしている。しかも、人とはまったく違うと思われる仕組みで。

コンピュータも人と同じように知能をもつことができるはずだということは、「計算する」ということに理論的基礎を与えたA・チューリングや、情報理論を打ちたてたC・シャノンは、コンピュータの揺籃《ようらん》期にすでに見抜いていたことであった。

コンピュータで知能を実現する人工知能の本格的研究は一九六五年のダートマス会議を機に始まった。多くの進歩はあったものの、長い間、その目標ははるか先にあった。コンピュータの能力は、飛躍的進歩を遂げているとはいえ、「単なる計算」能力においてすら、人との間にははるかに差があったのだ。

ただ、その差が縮まってきた。「聖域」はコンピュータの射程内にいずれ入ろうとしている。ひと昔、ふた昔前には知能の象徴の一つであったろう、「ゲームをする」「不定積分ができる」「ある種の診察をする」といった能力では、人を凌駕《りょうが》するようになってきている。だから、われわれ人間だけが知的であると、単純に安心し、ボヤボヤしてはおられない。

コンピュータ以上のことをしなければ人は存在価値をなくしていくかもしれない。それはなにか。私は当分のところ、「問題解決能力」だと思う。問題解決といっても、与えられた問題の答えをマニュアルや公式にしたがってはじき出すことではない。

現状において何を目標とし解決すべきか、解くことができてかつ解ければ価値のある問題の設定はどうするか、そして、それを実際にどう解くかというのが問題解決である。それは、研究においても、企業においても、家庭においても同じことである。

そのためには、それができる人間を育てる教育がいる。

で、先のニューヨーク・タイムズ紙の話には後日談がある。のちに、デービッド・サーノフ研究所の開発者と話した時、

「あのコメントはよかったろう」

と言ったら、

「うちの研究所では、『タケオの好きなクォーターバックは頭が重すぎてあがらないから、パスができまい』というジョークがはやったよ」（中心視野がそんなに大きいと、その情報処理にものすごい脳が要るという意味）

と言う。

敵もさる者である。こんな丁々《ちょうちょう》発止《はっし》のやりとりができれば問題解決はできる。

17. 人もコンピュータも計算する機械である

コンピュータは「計算する機械」として生まれた。初期の目的は大砲の弾道計算をしたり、敵の暗号を解読するためのキーの組み合わせを高速に調べるなど、数値科学計算が中心であった。しかし、「計算」とは数値計算、論理計算、条件判断、記憶、外界のセンシングなど情報処理のすべてを指していることに注意しよう。

◉コンピュータはシリコンと銅を使って計算する

コンピュータと人とは計算するために明らかに違うハードウェア（物理的装置）を使っている。現在のコンピュータは主にシリコンと銅の電線でできた回路を使っているし、記憶には磁気の働きも使う。コンピュータにはそういう素子が膨大《ぼうだい》な数含まれ、互いにつながっている。おのおのの素子は「0」か「1」の値をとることができ、外部からの入力によって、「0」から「1」に、「1」から「0」に変わることもできる。

だから結局、コンピュータというのは、各瞬間にはきわめて多数の「0」と「1」が特定に組み合わさった状態をとっている。そして、天文学的に膨大な数がある可能な組み合わせ状態の間を次々と遷移《せんい》していって、計算が行われる。コンピュータは人が作ったものであるから、きわめて複雑とはいえ、プログラムというものでその状態の遷移を完全に記述し、コントロールできる。

ただ、「完全にコントロール」と言っても電子の一個一個の動きまではない。プログラムはあくまで「0」「1」の表現の動きをコントロールしているのである。

一方、人は生き物として、細胞からなる神経回路網というハードウェアを計算に使っている。

◉人の脳も計算している

人の脳と神経系統の働きは完全にわかっているわけではないが、たくさんの神経の間を、現在のコンピュータと比べると非常にゆったりだが、電荷が行き来し、計算し、通信をしていることがわかっている。

人の脳には、その神経単位（神経細胞と、それから出る突起をあわせたもの）であるニューロンが一〇〇〇億ぐらい集まっているとされる。ニューロンは一個一個では計算しない。突起のシナプスによってほかのニューロンにつながり、網の目を構成している。

一個のニューロンに一〇〇〇個のニューロンがつながっているとするならば、その連結は、一〇〇〇億×一〇〇〇、つまり、一〇の一四乗である。その中を電荷が行き来して、いろいろな情報処理、つまり計算することがわかっている。

人の能力のレベルをコンピュータと同じように数値化するには、一秒間に何回連結を通して信号を送れるかということが基準になる。ミリセカンド（一〇〇〇分の一秒）の単位なので、一秒間に五〇〇回から一〇〇〇回というところであろう。つまり、人の脳は、先ほどの一〇の一四乗の計算を一秒間に五〇〇回から一〇〇〇回ぐらいできる機械なのである。つまり、一〇の一六乗か一七乗の計算能力がある機械であると推定される。

もちろん、これらは推定であってそのままというわけではなかろうが、人の脳や体が有限の大きさであることを考えれば、何乗といったオーダーで違ってはいまい。

ちなみに、現在のコンピュータはどのくらいの計算までできるかというと、一秒間に一〇の一二乗から一三乗あたりである。

◉「ひも」も計算する？

二つの送電線鉄塔の間にかかる電線は滑《なめ》らかな美しいカーブを描いている。懸垂線《けんすい》とよばれる関数のカーブである。ひもの両端を右手と左手でもってたらしても、同じ種類のカーブを作る。どんな形になるかを計算するにはある微分方程式を解く必要がある。しかし、そんな計算をしなくても、ひもをたらしてみればその形がえられる。だから、「ひもは微分方程式を解き、懸垂線を計算した」とも言える。

これは強弁ではない。まさに、アナログ計算という考え方であり、現在のデジタルコンピュータが開発される前に実際に使われていた。抵抗、コンデンサー、コイルからなる電気回路中を流れる電流の時間変化は微分方程式で書ける。だから、自分の解きたい問題の微分方程式とまったく同じ式でその動きが記述される電気回路を組み立てて、その電流の変化を計測すれば、元の問題の微分方程式の解がわかったことになるという方法である。実際のアナログコンピュータはもう少しスマートなものであったが、例えば流体力学で現れる方程式を解くのを、電線をつなぎ変えることでできた。

だから、「アナログ」計算というのは本来、英語のAnalogousという言葉が示すように、調べたいもとの現象（例えば流体現象）を、それと「相似」の現象（つまり電気現象）に置き換えて問題を解くという意味であった。

ところが、アナログコンピュータは値を電流という連続量で表現したのに対し、その後出て来たデジタルコンピュータは値をビットの集まりという「離散的」な形で表現した。それで、以後、「アナログ」という言葉は「連続的」という意味につかわれるようになった。「アナログ時計」「アナログ人間」などという表現が生まれたのはこういう経緯による。

面白いことに、この元の意味での「アナログ」の概念が最近、見直されている。材料そのものがそのおかれた状況に応じて、形や表面の摩擦係数《けいすう》を適切に変えるといったスマートマテリアル（賢い材料）という概念である。材料が計算しているのだ。

これらから学ぶべきは、「計算」においては、その内容自身と、それをどう表現するかと、どんな道具を使って実行するかの三つは、分けて考えるべきであるということである。シリコンでできたデジタルコンピュータも、細胞でできた人間の神経回路の脳も、一本のひもも、電気回路のアナログコンピュータもそれぞれ違うハードウェアであって、違う数の表し方であるが、みんな、懸垂線という同一の計算ができるのだ。

もちろん、プログラミングという点で大きな違いがある。ひもは懸垂線しか計算できない。アナログコンピュータは相当いろいろではあるが、ある種の微分方程式しか解けない。デジタルコンピュータはプログラミング言語で書ける計算は何でもできる。人間の神経回路網は学習したり、DNAに埋め込まれた計算は何でもできそうである。

18. 人とコンピュータは違うか

今は明らかに、人のほうがより知的で創造的なことができ、感情といったものは人のみにあるように見えるが、「将来、コンピュータは人と同じようなことができるようになるか？」という疑問が当然おこる。逆に言うと、「人にできてコンピュータにはできない計算があるか」ということになる。

ここで、「コンピュータにできて、人にできないことがあるか？」という質問を発する人がまずいないのは面白い。

ちなみに、これまで、「人にできてコンピュータにできない計算」を定義できた人がいないのは注目に値する。

◉人が、時に赤信号で道路を渡るのは、計算である

人とコンピュータは、違うハードウェアを使い、違う内部表現を使っているが、どちらも計算する機械であることはわかった。

私は「当然、コンピュータは人と同じようなことができる」という意見である。

「人とコンピュータは根本的に違う」と言う人もいる。その人たちの挙げる理由は大きく分け

ると三つある。一つ目は「コンピュータはプログラムで動いているにすぎないから」というものだ。

例えば、ロボットが交差点にさしかかった。ロボットは、赤信号なら渡るなとプログラムに書いておけば絶対に渡らない。しかし、人はときどき赤信号でも渡る。つまり、人の行動はコンピュータと違い、あらかじめ決まったルールでしているのではない、つまりプログラムをもっていないと言うのである。

私に言わせれば、これはまったくインチキな論理である。というのは、人も明らかに、渡るべきか、渡らざるべきかを決めて行動している。信号の赤青だけではなく、もっと多くの情報、例えば、車のスピードとか、ほかの人も渡っているとかの因子を使って、最終的には何かのルールに従って決めたはずである。だから、信号の色だけ使ったプログラムの行動と比較するのは不公平である。もし、人が信号「だけ」見ていたらどうしただろう。

なかには、「私はその時々でルールを変えている」と言う人もいる。しかし、ルールを変えた因子とその変え方のルールはなんだったんだろう。それも入れればやはりルールがあるのだ。あまり賢いことではないが、ロシア・ルーレットのように、渡る渡らないをでたらめに決めているというのであれば、対応する乱数を使ったプログラムを書けばよい。

人は自分の使っているプログラムを知らないだけなのだ。

◉NP完全問題

「人とコンピュータは根本的に違う」と言う人たちの、二つ目の議論はもっと数学的なもので、その代表的なものは次のようである。

巡回セールスマン問題という問題がある。

「地図上にいくつかの都市がある。あるセールスマンがある都市から始めて、これらの都市をただ一回ずつ、順にすべてを訪れるのに最も旅程の短い順路を求めよ」

というのである。

明らかに、考えるべき可能な順路の数は限られているから、やさしそうに見える。ところが、都市の数が少ない時はいいが、だんだん多くなると可能性の数が急速に増えて、五〇都市くらいでも最短の順路を求めるには、どんな速いコンピュータを使っても天文学的な時間がかかるという性質をもっている。こういう性質をもつ問題をNP完全という。

インドの王様が、手柄をたてた家来の、「褒美にチェス盤の最初の升目《ますめ》に一粒の米、次の升目にその倍の二粒、次の升目にはその倍の四粒、というふうに倍々の米粒でチェス盤を埋めてくれ」という願いをうかうか聞いて大変なことになったというのと同じ理屈である。

実は、鉄道の最適な時間表を作るとか、パターン照合の問題とか、ゲームの最善の手を探すとか日常の知的な問題を定式化しようとすると、ほとんどと言ってよいくらい、この巡回セールスマン問題に帰着してしまう。つまり、明らかに有限の可能性しかないのだけれど、どんなに速いコンピュータを用いてもベストの答えは現実的な時間内では得られないという結論に達してしまう。

「そら見ろ。人間の専門家やゲームの名人は苦もなくできるのに。だから、コンピュータは根本的に人に劣る」

という議論だ。しかし、この議論にも重大な誤りがある。忘れてはならないのは、NP完全の難しさはコンピュータだけでなく、人間をも束縛しているのである。つまり、人間も、自分が求めたすばらしいと思っている答えが、本当にベストかどうかは知る方法はないのである。

その証拠にと、私はよく言うのだが、碁の名人二人が対局場にやってきたとしよう。するとどうなるべきか。先手、後手を決める、先手がじっと考える。そして、しばらくすると、「勝った」と言う。後手は「参った」と言って終わるはずだ(あるいは逆かも)。つまり、本当に彼らが常に最善の手を指しているのなら、碁や将棋といった可能性の数が天文学的とはいえ有限なゲームは、はじめから対局する理由はないのだ。にもかかわらず対局しているということは、彼ら名人は最善の手を指していないか、指していることを知らないのだ。

ただ、「かなりいい手」を指しているのは事実のようである。そのかなりよい答えを見つけるプログラムにおいて、現在のところ人はコンピュータを凌駕しているのも事実である。

ところで面白いことに、「現実的な時間内に、ある確率以上で正しい答えが求められればそれでよい」ということになると、NP完全問題にもそれなりのアルゴリズムが存在することがわかっている。

◉人間の思考回路は物理現象ですべて表現できる

また、三つ目の理由として計算と人間の感情はそもそも違うという証拠に、左脳と右脳をもち出す人がいる。左脳は論理計算的な思考を司《つかさど》り、右脳は感性を司る。だから、人の感性はコンピュテーションとはまったく別なものだというわけである。これははっきりとわからないことを、わからないままにする論法の一つである。

私に言わせれば、左脳、右脳というのは能力の局在、あるいは能力の一種のカテゴリゼーション（範疇《はんちゅう》分け）にすぎない。情報処理の観点からすれば、例えば、暖かい色、寒い色というのが物理的にはスペクトラムによるカテゴリゼーションにすぎないのと同じように何の差もない。

人の脳は、明らかに情報を処理する機械である。シナプスがつながっていて、そこに信号がやってきて、その信号をある方向に取り込む仕組みになっている。シナプスの一つ一つは計算する道具であり、素子なのである。そのレベルから見れば、右も左もないのである。

私が学生の時代には、人はアナログ、つまり連続的な情報を処理する、コンピュータはデジタル、つまり離散的な情報を処理するから、根本的に差があるという議論もあったが、今ではそう議論する人はない。

結局、議論は次の点に帰着する。

ここに人がいる。その人をすっぽりガラス瓶で囲い密封する。このガラス瓶の中、特にその人の脳の中で起こっていることは、われわれが普通言う物理現象ではなく、摩訶《まか》不思議な超自然現象であって絶対にその仕組みは人間にはうかがい知れないものなのだろうか。あるいは、物理現象なのだけれど、ガラス瓶の外とはまったく違う原理、例えば、電子と電子は反発せずに引き合うといった原理でもって動いているのだろうか。

このどちらかだと信じる人がいるとすれば、それは科学というより、哲学か宗教の領域である。私自身は、ガラス瓶の中は外とまったく同じ物理的原理で動いていると信じる。

それなら、ガラス瓶の外にいるコンピュータが、違うハードウェアと表現を使っても、瓶の中の人と同じかそれ以上の計算の「内容」を実行できても何ら不思議はない。確かに、瓶の外にはその人とおなじか、より賢い人が往々にしているし、コンピュータ自身の能力もその方向を間違いなく向いているからである。

19. コンピュータは人より知能的になる

知能ロボットは、かつてはSFの中にしか登場しないものであった。それがいつの間にか現実のものになり、社会のさまざまな分野で活躍するようになった。人々は、ロボットの存在を当たり前のこととして受け入れているような時代になった。ホンダやソニーが開発したヒューマノイドロボットが、ロボットの存在を身近なものにした。二十一世紀は、コンピュータの進歩によって、賢いロボットの時代として飛躍的に進化する可能性が大きい。

◉「新しい知性を感じた」

「新しい知性を感じた」

チェスの世界王者ゲイリー・カスパロフがチェスのスーパーコンピュータ「ディープ・ブルー」について語った言葉である。

一九九七年に、IBMのスーパーコンピュータ、ディープ・ブルーがカスパロフに勝負を挑《いど》み、二勝一敗三引き分けで勝った。その戦いのあとの感想である。チェスは世界で最も盛んなゲームであるとともに、知的とされるゲームである。そのチェスで、コンピュータが人間のチャンピオンに勝ったというので大騒ぎになった。

実は、このディープ・ブルーの研究陣の主体はカーネギーメロン大学コンピュータ科学科の大学院卒業のPh・Dであり、研究のもとはカーネギーメロンで始まったものである。

開発には、

①過去の局面をすべて記憶させる。

②過去の局面から、駒の重要度や局面の「よい、悪い」を評価して計算する。

③スピードの速い計算機を開発して先を読む。

を戦略として臨んだ。

ディープ・ブルーは一秒間に二億通りの指し手を読むことができ、局面ごとに平均一四手先までの変化を検索して指し手を決めるという能力をもっている。

「ディープ・ブルーのやり方は単に力まかせに局面を探索したにすぎない。『人間のように』考えたわけでない」と言う人があるが、負け惜しみにすぎない。人間同士の対戦であれば、負けた方が、勝ったほうの考え方が悪いなどというコメントをすることはあり得ない。そもそも本人も含めて人間が本当にどう考えて打っているのかは知らないし、まして相手に言ったりはしないのだから。それを知られているプログラムは、ずいぶんハンディキャップがあったといわねばならない。

ディープ・ブルーが指した手はカスパロフがすべてを予測できるような動きではなかったの

だ。しかし、思いがけない手ではあるが、それがまったく変な手だと、「やっぱりコンピュータはばかげている」となる。ところが、それがカスパロフにとって「いい手だ」と思える範囲に入っており、しかも結果自分が負けた。だから、彼は「新しい知性を感じた」と言ったのである。

カスパロフの言葉は明らかに、コンピュータを人になぞらえている。人とコンピュータを同次元においてのコメントである。負けた時、彼がきわめて不機嫌だったことがそれを証明している。もし、腕相撲自慢が大型電気モーターに負けた時のように、別次元のものと見たのだったならば、不機嫌にはならなかったろう。

◉予測可能な予測不能性

「ディープ・ブルー」の能力は、私の造語だが「予測可能な予測不能性」とでも言うべき壁を乗り越えたのだと思う。

私はこの「予測可能な予測不能性」が、人が他人やコンピュータを「感情がある」とか、「個性的である」と思うかどうかの判断基準であると考えている。

例えば、「感情がある」という単語を考えてみよう。笑ったり泣いたり怒ったりの顔の表情をスクリーンに表示することのできるコンピュータプログラムがあったとしても、それだけでは、人は誰もそのコンピュータに感情があるとは思わないだろう。

つぎに、人が何か文章をタイプ入力すると、コンピュータはそれにしたがって何か反応をして表情を出したとする。その時、自分がこう入力したらこういう表情をするのではないかとの予測どおりの反応をコンピュータがすると、「決まりきった反応をする」との印象を受けて、やはり感情があるとは思わない。

では、ただ、人の予想をはずせばよいかというとそうでもない。プログラムが単に乱数を使ってでたらめに反応すると、今度は、「自分の入力に無関係の表情をする」との印象でやはり感情があるとは思わない。つまり、反応は予測不能であると同時にある一定の予測範囲内になければならないのだ。

人間対人間でも同じではなかろうか。他人とまったく同じ言動をする人は個性的でないといいう。しかし、違えばよいと言っても、それがある許容範囲を越えると、それは異常性格ということになってしまうのだ。もちろん、許容範囲は時とともに変わっていくが。

予測可能な範囲内での予測不可能性を作り出せるかどうかが、「人のようであるか」のキーなのだ。

●人を超えるロボットが町を歩く日

では、コンピュータが「人のようである」を超えて、「人と同じくらい、あるいはそれ以上に知能的になれるか」という質問に対して、私は当然、「明快にイエス」と言う派に属している。

ただ、今の段階で、コンピュータと人の能力を直接比較するのは間違っていると思う。現在、計算機の能力を足の高さぐらいとすると、人の能力は天井をはるかもはるかに越えたようなところにある。知能の仕組みを別にしても、ベースとなる計算能力においてすら、今のところ一万倍から一〇〇万倍くらいの差がある。にもかかわらず直接比較しようとするから話がややこしくなる。

それで、現在できない事と将来もできないかどうかの議論が混同される。また、往々にして、「なれない」という議論は「なって欲しくない」、あるいは「なるべきでない」という気持ちと混同している。

今も将来も当分、コンピュータやロボットが人と比べて明らかに劣っているのは、その働く環境を自分で適切に定義する力と、自分を自分で再生産する力である。

現状でも、やることがはっきり定義できれば、機械のほうが確実に上手にやれることは結構多い。例えば、医療用ロボットにドリルをもたせ「正確にこの形の穴をあけろ」と命じれば、人間よりも絶対正確にあけることができる。しかし、足の骨に穴をあけるべき機械を頭のところにもっていき、スイッチをポンと押すと、今のロボットは頭に穴をあけてしまう。人間であれば、たとえ医者でなくとも、ドリルが頭のところに行けば、おかしいと思ってやめるだろう。

これは、閉じた系と開いている系の違いである。現在のコンピュータやロボットシステムは、「足用の医療用ロボットは足のところにしか置かない」というように、人が系を閉じさせているのである。

実は、このことは問題解決において非常に深い意味を含んでいる。

「宣教師とライオン」という昔のクイズがある。

「三人の宣教師と三頭のライオンが川にさしかかった。そこには二人乗りの舟が一そうあるだけである。ところで、いかなる時でも、宣教師の数がそこにいるライオンより数が少なくなると、彼らに食べられてしまう。どうしたら全員、無事に渡れるだろうか」

というものである。この問題は結構難しく、皆いろいろ苦労して答えを考えようとする。しかし、そんなことをせずに、

「みんなして、下流のほうへ向かえばきっと橋があるだろう。それを一緒に渡ればよい」

という解答はなぜだめなのだろうか。これを問題解決における「枠設定の問題」という。問題の答えの範囲をどうして決めるかという問題である。今のところこの解決は難しい。

自分自身を再生するロボットをつくろうとしている研究者もいる。最初のレベルは、ロボットの腕を三本ぐらい用意しておき、腕が壊れたらロボット自身が道具箱に行って新しい腕を取り上げ、故障した腕と交換する。自分の構成部分を入れ替えるようにするわけである。

それができるようになれば、部品をいっぱい用意するようにする。今度は部品を集め、構成部分をつくって自分に似たロボットをつくろうとするようになるであろう。しかし、これだっ

て、部品というレベルで系を閉じたのでは部品がなくなればそれまでである。

それに対して、人間は少々の怪我は休んで栄養をつければ治る、食物を親が食べることで子を作れるという生物としての再生能力をもっている。これも、地球という系の範囲内でのことではあるが。

しかし、コンピュータの能力は飛躍的に進歩している。十年で一〇〇倍ぐらいの進化のスピードである。今のペースが続くとすると、単純計算では、今から二十年から三十年後には、人とコンピュータの基本計算能力はクロスすることになる。

また、これまで人にしかできないとされていたことの仕組みが、一つずつわかりつつあるのも事実である。その中には、発見創造能力、人間らしさや個性、感情（に近いようなもの）というものもある。それらの仕組みは、今の段階ではまだ十分わかっていないが、近い将来、確実に解明されるであろう。

「人のような、人を超えるロボットが町を歩く日」も遠い将来のことではない。

そうなったら、ロボットが人をコントロールするのではと危惧《きぐ》する人がある。私はそうは思わない。その考え方の問題点は人間対ロボットと見ていることだ。その社会は人間とロボットの社会なのだ。人は賢い。そういう、人間とロボットの共同体のなかで、人は今よりもっと有意義で面白いことをしているだろう。

そんな時代にむけて、重要な活動は問題解決である。解くべき問題を決め、高いが実現可能な目標を設定し、その実現のために頭をしぼり、手を動かす。それに、コンピュータやロボットが大きな力を発揮する。

20.

思考力、判断力は問題解決に挑戦することで伸びる

「最近の学生は、与えられた問題はそつなくこなすが、自分から問題を見つける能力に欠けている」という話を日本の大学の先生からよく聞く。高校までの○×教育、偏差値教育の弊害だというのだが、私に言わせれば、悪いのは学生だけではない。

◉私は大学で実験が嫌いだった

告白すると、私は学生のころ、当時の実験の授業があまり好きになれなかった。

実験はすべての基礎である。科学では、まず仮説を立てることから研究が始まる。仮説は、ある現象を論理的に説明するために立てられた仮の理論である。したがって、その仮説の真偽は、いろいろな方面から見て正しいと実験で確かめられなければならない。実験によって少しずつ真実性が高まっていくのだ。

「地球が丸い」と信じるのは仮説であり、「それなら、ヨーロッパから西回りでインドに行けるはず」と出かけるのは実験である。ちなみに、仮説が間違っていることを示すためには一つの

反例（そうでない例）があればよいが、合っていることを示すにはいつもうまくいく、あるいは反例がないということを示さなければならないことに注意しよう。どんなに素晴らしいアイデアでも、人をそして自分を納得させるには実験による裏付けが必要なのである。

それがわかっていて、大学生の時に実験が嫌いだったというのは、私が怠《なま》け者だったというわけではない。当時の大学の実験は、理論を検証する方式が「実験の手引き」によってすでにきめられており、実験をするというより、その手順を単に作業するだけなのである。

例えば、「実験の手引き」には「三番のノブと二番のノブをぐるぐる回せ。その結果出てくる計器四番と五番の値の関係をグラフに描け」とある。学生は、何をなぜやっているのかわからずに、ただひたすらノブを回し、計器の目盛りを記録する。そして、それが理論で予測されたカーブに乗っているのを確認する。なかには、カーブに乗らないと、「技術者」らしく、雑音のせいにして納得する。これでは、興味をもてというほうが無理な話である。

◉アメリカの大学では、問題解決学習が基本である

アメリカではどうか？　学生は課題を与えられ、自ら考え、調べ、解く学習、つまり、問題解決学習が基本になっている。

ビジネススクールという経営大学院では、現実の企業内で起きている問題のケースが書かれている教材を使って、それに対処する方法を考える授業が行われるという。教授が学生の一人

を指名して、「このケースを読んで自分が社長だったらどうするか？」と質問することから授業が始まるそうだ。こういうアプローチは大学にかぎったことではなく、小学校から共通する授業方法なのである。

私の子供が行ったコーネル大学では「何々を作ってみなさい」など、学生に自分で考え、調べさせる授業が実に多い。有名な課題がある。

いわゆる使い捨てカメラ（レンズ付フィルム）はカメラとフィルムが一緒になっていて、それでいてフィルム代と変わらない値段で売られている。

「使い捨てカメラは、どうしてこんなに安い値段で売れるのか調べなさい」

という問題である。

では、その授業はどのように行われるのか？

先生が学生にお金を与えて、使い捨てカメラを買ってこさせるところから授業が始まる。学生はそれを分解し、部品がどうなっているか調べてみる。すると当然、見かけは似ている普通の一眼レフカメラとどこが違うのかという疑問が生まれる。

今度は、普通のカメラを分解して調べる。これは高価だから、それぞれというわけにはいかず一台を皆でやる。レンズは両方にある。しかし、使い捨てカメラのはプラスティックでできている小さなものであるが、普通のカメラのはガラスでできていて大きい。ここにどうも差があるらしい。そこで、プラスティックレンズはどうしてガラスのよりも安いのかをいろいろ調べる。逆に、高いガラスのレンズはどこがいいのかを調べる。

さらに、普通のカメラには焦点距離を調整する部品がついているのに使い捨てカメラにはない。ファインダーはただ穴があいているだけだ。それでもどうして写るのだろうという疑問にぶつかって、実際に使い捨てカメラを使って写真を撮ってみると、調節はできないが被写体の位置によっても意外とぼけたりしない。なぜだろうと考えることから、焦点深度の発想がでてきたりするのである。

さまざまな作業を通して、「どうしてこんなことになるのか」という現実の疑問に対して、「ではどうしたらわかるか」と自分で考え、調べて発見する。つまり、自分で問題を考え、解法を工夫し、判断する能力が養われるのである。

なかには、電子顕微鏡を使って部品を調べてレポートを書こうとする学生がいたりする。電子顕微鏡を学生が使うことは普通できないから、管理している先生のところに行って、使わせてくれるように交渉しなければならない。その先生をいかに説得するかも、勉強の一つであるというのだ。

というのは、技術者は道具がなにもかも用意されたところでいつも仕事をすることができるとはかぎらない。どこかで適当な道具を探してきたり、改良して実験道具にしたり、高価な道具は購入できないから、もっている人に使わせてもらうこともある。その交渉術も研究を進めるためには重要なのだ。その練習もしろというわけである。

◉日本の学生は、明らかに問題解決の能力において劣っている

問題解決の能力を育てることは、どの分野であれ、最も重要なことだと私は考えている。私の経験からすると、日本の学生はアメリカの学生と比較して、本来の問題解決の能力において明らかに劣っている。

本の中にある答えをみつけ出すのが問題解決ではない。使い捨てカメラの問題のように、現実の問題を自分で考えることからさまざまな疑問が生まれ、それがテーマになる。それが問題解決学習なのである。現実にある問題を自分の頭で考えて「何とかする」という訓練をしなければ、いくら専門的な知識があっても、思考力、判断力、そして挑戦する意欲という知的体力は生まれない。

では、日本の場合は何が間違っているのか？　後述するように、教科書の記述を始め、日本の学校教育では、知識を最も一般化し、整理した定理というかたちで与え、定理を問題にどうあてはめるかを練習する、実験では正しいとわかっている知識を追認する手順を教えるということが教育の根本にあり、それを問題解決と考えているところに誤りがあると思っている。

章末の練習問題にはよく、次の事実を証明せよとあり、括弧《かっこ》してパスカルの定理などとあることがある。それがまた結構、証明できたりした経験はないだろうか。だからと言って、俺もパスカルと同じくらい賢いのだと誤解してはいけない。実は、その章で習ったことを使えばそ

れが証明できるはず、というのが最大のヒントなのであって、そのヒントなしに、しかも、それが正しいかどうかわからない時に証明できたパスカルとは、やはり雲泥《うんでい》の差なのだ。「黒先白死」の詰碁《つめご》の問題は解けるが、実戦でそうそううまく隅《すみ》の相手の石を取れないのと同じである。

最近、自由作文などで創造能力を測ろうという入試がある。私に言わせれば、本当の能力はそんな抽象的な作文ではわからない。自分で勝手に考え、勝手に書くのは誰でもできる。本当の能力は具体的な現実にある問題を解く能力である。

21. 例題を考え、解くことが理解を深める最も良い方法である

個々の特殊な事例を調べると、そこに共通する性質や関係から、一般的な命題や法則を推論できることがある。これを帰納《きのう》という。帰納の結果が誤りに導くこともいかに多いかをわれわれは知っている。しかし、注意深く、感性を研《と》ぎ澄ましてかかれば、帰納がすばらしい結果に導くことがあるということもわれわれは数々の例から知っているのである。

（G・ポリア著　柴垣和三雄訳『帰納と類比』の一節を多少書き換えた）

◉「お前はどうしてそんなに速く計算できるのか」

フォン・ノイマンは二十世紀の科学の巨人と言ってよいだろう。数学者であり、物理学者であり、プログラム可能な計算機――つまり、現在の計算機――の概念を開発した人である。現在のコンピュータを時にフォン・ノイマン型コンピュータというのはそこから来ている。

エニアックという世界最初の電子計算機の開発プロジェクトに軍科学官として参加し、ノイマンと協力したH・ゴールドスタインという人がいる。ゴールドスタインは軍人であるが、優

れた数学者で数々の賞を受け、後にＩＢＭフェローにまでなった人である。次の話は、私が大学院時代、このいわば歴史上の人物が京大で特別講演した時に聞いた話である。余談であるが、その時私は彼に気に入ってもらい、ＩＢＭの奨励金を世話してくれるなどよくしてもらったことがある。

ノイマンは本当に頭のよかった人だったらしい。「数学における最もよい問題解決法はフォン・ノイマンに尋ねることである」と言われたそうで、エニアックを開発している時も、研究者が引きもきらず尋ねに来ていた。

ある時、学生が尋ねてきた。ノイマンがたまたまいなかったので、ゴールドスタインが相手をした。彼も一流の学者である。質問を聞いて、「それは難しい問題だ。そういう時はまず、例題を三つほど作って試しに解いてみるとよい」とアドバイスした。

あくる朝、その学生が目を真っ赤にしてやってきた。一晩徹夜して例題の解を計算して来たのだ（当時はコンピュータも電卓もない）。ノイマンもいたので、「一般解法のヒントを得るため、まず例題を解くことにしたい」と言うと、「それはいい考えだ」とノイマンは言った。学生が、「最初の例題はかくかくしかじかで……」と言うと、ウーンとじっと上を見つめていたノイマンが「その答えはｘｘｘだな」と言った。

伝説的な天才数学者には子供の時に何桁もの計算を見ただけで答えがわかったという人がいる。普通はそういう特殊能力は青年から大人になるとなくなるものらしいが、ノイマンは大人になっても消えなかったらしい。彼は学生が一晩かかって解いた三つの例題の一つをウーンと言う間に解いたのだ。

学生はあせって、「第二の例題は……」と言う。ノイマンがまたウーンと言って、すぐその答えを言う。

学生は「第三の例題は」と言って、ノイマンがまたウーンと言いだすから、たまらず「その答えはｙｙｙです」と言った。ノイマンが感心して、「お前はどうしてそんなに速く計算できるのか？」と言ったという話である。

私はこの話を、ノイマンがいかに頭のよい人であったかという話としてだけでなく、「問題を考える時には例を作ってやるのがよい。あのノイマンのお墨付《すみつ》きの方法だ」と、学生によく言ってきかせることにしている。

◉オイラーの公式

オイラーの法則とか公式とかよばれるものがたくさんある。複素数、級数、微分に関する公式などなど、もう数知れずというほどである。どうも、オイラーという人は複数いたらしいが、その中でも、Ｌ・オイラーという人は十八世紀の数学の巨人で、特に公式を作るのが上手であったらしい。彼のやり方は例をいくつか調べてみて、それから成り立ちそうな公式をさっと作る。そして、それを証明するというやり方だったという。

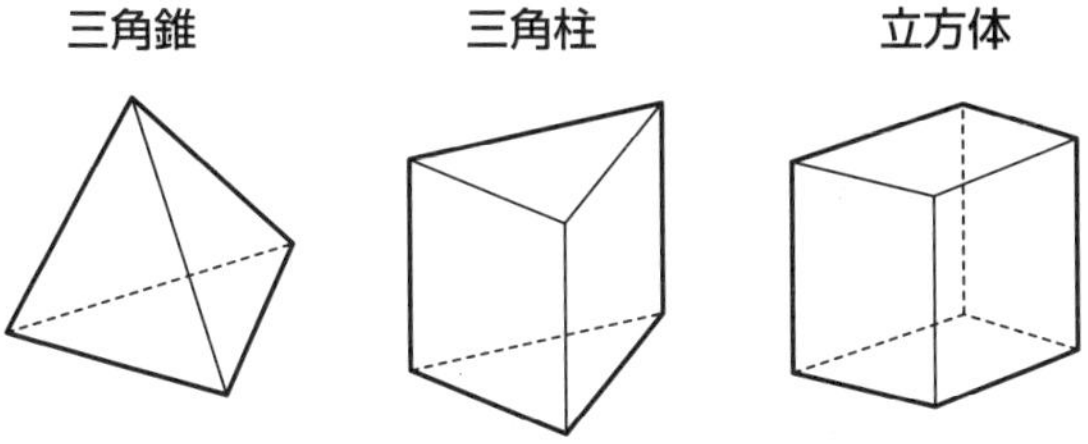

面の数（F）	4	5	6
角の数（V）	4	6	8
縁の数（E）	6	9	12

例えば、私たちがよく知っている三角錐《すい》、立方体、五角柱といった多面体とよばれる形には、その面、角（頂点ともいう）、縁（稜《りょう》ともいう）の数の間に、オイラーの公式とよばれる重要な規則がある。

三角錐、三角柱、立方体について調べてみると、図のようになる。図中の三段に並んだ数を見ると一段目（面の数＝F）と二段目（角の数＝V）を足して、三段目（縁の数＝E）を引くと、全部2になっている。だから、オイラーはすぐさまF＋V－E＝2という式を立ててみせ、あとは証明するだけだ。

証明などと言うと難しそうだが、この手の場合は帰納法とよばれる方法があり、例を調べている時によく気をつけておくと、簡単に証明できるようになっている。実は、この公式にはもっと深遠で難しい意味合いもあるらしいが、ここでは関係ないだろう。

いずれにしても、かのオイラーにかかるとオイラーの公式などはこうやってどんどんできたという。

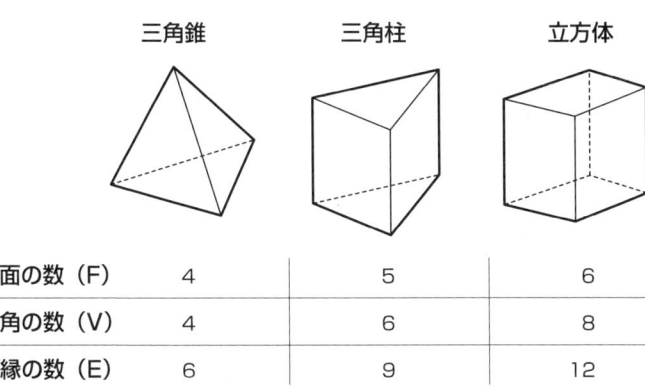

これからも、例を考えることが物事の仕組みを知り、一般に成り立つ法則や解法を思いつく強力な方法であることがよくわかる。

◉論理学者、数学者、物理学者、技術者

個々の特殊な事例の集まりからそこに共通する性質や関係を取り出し、一般的な命題や法則を導き出すことを帰納という。オイラーにかかると三つも例があれば公式ができてきたようだが、一般には正しい結論（仮説）を思いつくには多くの例にあたればあたるほうがよいのは明らかだ。

しかし、ただやみくもに例の数が多ければよいというわけではない。例を考えることで、その問題がどういう仕組みで成り立っているかをよく考えることが重要である。

そうしないと変なことになるというのが、G・ポリアという数学者の書いた『帰納と類比』という本に「論理学者、数学者、物理学者、技術者」という話として出ている。解説を加えながら言うと次のようである。

論理学者は最も厳密な議論をする人々であるから、数学者の厳密性の甘さ加減にがまんならない。「数学者は〇から九九までの整数を調べて、『一〇〇回が一〇〇回とも』一〇〇より小さいことがわかった。そこから、彼は、すべての整数は一〇〇より小さいというばかげた定理を証明しようと躍起《やっき》だ」と非難する。

数学者は言う。「そうかもしれない。しかし、物理学者はもっとひどいよ。彼は六〇という数はすべての数で割り切れると信じている。六〇は最初の一、二、三、四、五、六で割り切れる。次に、彼の言葉によると『勝手にとったところの』一〇、一二、一五、二〇、三〇でも割り切れる。だから、実験的証拠は十分だと言うんだ」。

物理学者は言う。「ウム、でも、この技術者を見てみなさい。彼はすべての奇数は素数ではないかと言うんだ。最初の奇数一は素数とみなしてもまあいいだろう。次の三、五、七は間違いなく素数だ。次の九、うーん、困ったことにどう見ても素数ではない。しかし、『ひとまず横において』実験を続けようと彼は言うんだ。一一、一三、やはり素数だ。だから、九に帰って、『これは測定の雑音』と結論づけたとさ」

私は、この冗談話を考えた人の、これらの職種の性癖を鮮やかにとらえた知性とユーモアの深さを尊敬している。しかし、彼は例を使って考えるなと言っているのではない、むしろ、そうしろと言っているのだということを忘れないでもらいたい。

22. 考える力を育てる教科書の記述法

私は、アメリカで教えてわかったのだが、教育の根本に関わる問題として、教科書の記述の仕方が、問題解決能力を育てるのに大きく関係しているのではないかと考えている。

◉はじめに公式ありき

教科書を見るとすぐわかる。日本の教科書は公式を理解するという一般的なところから始め、それから、「この問題を、この定理にあてはめて解いてみなさい」という練習をやさしいものから順に生徒にさせるという仕組みになっている。つまり、はじめに公式ありきである。

アメリカの場合は、まさに反対である。まず、教科書がきわめて分厚《ぶあつ》い。だから、話をゆっくりと進めることができる。

①まず、「こんな問題が世の中にはあります。どうしたら解けるか考えてみましょう」と、やさしい問題を考えさせる。

②そして、「なるほど、そうしてできましたか。じゃあ、次の似たような問題を考えましょう。この問題も同じように考えると解けるでしょうか」というのである。生徒に、ヒントととも

に似たような例題を与えながら、次々と自分で解かせる。問題はだんだん難しくなるので、子供たちは、だんだんと理解を深め、「ああ、こういうことも考えなくてはいけないのか」と気づく。

③最後に、それらの問題に共通する仕組みや定理を理解する。

という仕組みになっているのだ。

例えば、N次元空間で成り立つ公式や定理を理解させるためには、まず、一次元の例題でしつこく考えさせる。そして、一次元で成り立つ定理を証明する。だんだん難しい例題を解いていくうちに、学生たちは、「もっと一般的な定理があっても不思議ではないな」ということがわかってくる。

一般的な定理は、「この章で見つけた定理は、実はN次元でも成立する定理である。一般形は次のようになるので、これを証明せよ」というような練習問題で提示されることも多い。

日本の場合は反対に、N次元の場合がまず証明される。証明における式の変形手順はとにかく難しい。それはなんとか追えても、定理の意味がなんのことかわからない。だいいち、N次元空間などイメージできる人はまずいないのだ。そして練習問題を見ると、次の問題を習った定理を使って解きなさいとある。「ああ、なるほど。この場合は、この定理で言うと、Nが3で、aが5で、bが0だな」と。それで、「合ってる、合ってる」ということになるのである。

◉仕組みを理解して型を知るか、型を理解して、仕組みを知るか

日本の場合は、最初に難しい型が出てくるから、そこでつまずいてしまえば、それからあとの授業が面白いはずがない。また、わかったという生徒でも、公式の使い方はわかっても、その仕組みや意味が必ずしもわかったわけではないのだ。その仕組みがどういうプロセスで成り立ったのかは、わからないままである。

定理を発見した学者は、現実の例から、「こういう仕組みがあるのではないか」と考えて定理を発見したのだ。ニュートンは、万有引力の法則にリンゴの落下をあてはめたのではない。逸話はあやしいが、もしあったとすれば、リンゴの落下に万有引力の法則をみたのだ。

日本の場合、公式の使い方は教えても、その成り立ちを十分教えないので、生徒は数学や理科を暗記学科だと思ってしまう。公式を忘れるともう使い物にならない。

三十年以上も前、私が京都大学の学生時代、当時の電気試験所におられた菊池誠博士がされた特別講演を聞いた。菊池博士は日本の半導体技術の草分けで、アメリカで教えられていた時の話として、こう言われたのを今でも鮮明に覚えている。

「新しい素子を開発するにはその中で電子がどう動くかというモデルを作って考えることが肝要である。アメリカの大学院生に『この素子のモデルを作れ』と言うと、『まず、素子の中では電界が一様と仮定して、……』と大学の初級電気物理で習ったような簡単な式を使って、その

場で『素子の厚みと電圧、電流にはこういう関係があります』と言う。同じようなことを、日本の大学院生にやらせようとすると、『素子の端では電界が乱れるので境界条件を設定して解く必要があります。結構難しいので一晩考えてきます』と答える。あくる日に聞くと『あれは複雑すぎて、解けませんでした』などと言う。簡単でも見通しのよいモデルがないと、設計をどう変えるとよいかの指針が得られない。日本の大学院生はアメリカの大学院生に比べるとずいぶん高級な理論を知っているが、その知識が役に立っていない」

きわめて示唆に富む話である。

こういうことは、理科や算数に限ったことではないらしい。ラグビーの元全日本監督の平尾誠二氏と対談した時、氏は「日本のラガーマンはパスの型ばかり練習する。多くの型を知っていて練習の時はすばらしいのだけれど、試合になると応用がさっぱり」と言われた。

公式の使い方ばかりを練習していると、考える力は育たない。考えなくてもさっと公式を使う、つまり、知識を塊《かたまり》として無意識に使う必要があるのはそれを職業とするプロ、玄人である。ほとんどの人にとって、その使い方は素人でよい。その考え方、出てきた仕組みを学ぶことが、あとあとアイデアを生んだり、発展性のある応用開発をするのに役に立つ。

◉よい教科書を書きたい

スタンフォード大学のコンピュータ科学科の学科長を務めた、N・ニルソン教授は教科書を書く名人といえる。彼の書いた教科書を読んでいるとまるで物語を読んでいるようにひきつけられる。彼の繰り出す練習問題を解いていると自然と定理に到着する。時には、微妙で直感に反する、しかし重要な考え方は、学生を意図的に一旦誤った方向に導いておいてから、「実はね」と、まるでミステリーのどんでん返しのように出してくるものだから、いやでも頭に残る。

日本にだってそんな教科書はある。物理学科の学生でもない私が学生時代に読むことのできた、朝永振一郎博士の書かれた『量子力学』はまさにそういう本であった。さもありなん。英語に訳されて外国でも使われているという。

日本でそんな教科書を書きたいし、もっと見たい。

23. 創造力、企画力の土台となる記憶力

逆説的な話を書こう。

「記憶力はどうも苦手で……」と言う人がいる。こういう人は内心では「考える力では誰にも負けない」と自負している。はたして、そうだろうか？

実は記憶する力は考える力と対立する概念ではない。

◉知覚、思考、行動の源は記憶である

日常生活における知覚、思考、行動など、すべてその源をたどれば記憶に落ち着く。企画力や創造力を働かせようとしても、道具や材料になる知識や情報がなければ何も始まらない。アイデアは頭の中の記憶の組み合わせから生まれる。その土台がしっかりしていなければ、よいアイデアが生まれるわけがない。

最も効率がいい学習法は記憶である。ほかの人間が長い間考えてつくりだしたものをまとまった形で記憶してしまうのであるから、効率抜群で、思考の土台も豊かになる。ただし、この

記憶は「理解した記憶」であるべきことは言うまでもない。

社会的に見ても、時代や場所を超えて科学が進歩していく仕組みは、本や論文、新しくはインターネットといった記憶と伝送の道具を使ってのことである。私がこれまでに出会った人で、新しいことを成し遂げた人は例外なしに記憶力に優れていた、と言っても過言ではない。

現代は科学技術が急速に進歩し、どんな分野であっても専門的な知識やベースのない人が、新しくいいことを考え、つくり出せるということは難しくなっている。確かに、「こういうことがいいのではないか」という勘は素人的なものであり、その勘があたっている場合も多い。しかし、それをいざ「実行してみろ」「証明してみろ」ということになれば、専門的な知識なしにはなかなかできるものではない。

世の中にはこれだけの人間がいるのだから、どんなアイデアでも考えつく人は一人や二人は必ずいる。実現できるかどうかは実行力の差である。

◉人間が遺伝によって次世代に伝えられる記憶量は、〇・〇〇〇〇……パーセントでしかない

私の前にカーネギーメロン大学ロボット研究所の初代所長を務めたR・レディ教授は、二十年も前に「インターネットは将来このようになる」と現在のインターネット社会を予測していた人だが、彼は今、「世界中の知識を全部コンピュータに入れて、ユニバーサル・ライブラリーをつくるのだ」と、取り組んでいる。

コンピュータと人の根本的な違いは、よい悪いは別として、コンピュータは今までにできるようになったことを絶対に失うことはない、しかもその能力を別のコンピュータにほとんど瞬時にそのまま移すことができるという能力をもっていることである。

人間の場合、ある人が学習し、いいことをいろいろわかっても、その人が死んでしまうと、もっていた知識、考え方、能力は消えてしまう。死なないまでも歳をとると、能力もだんだん衰えていく。コンピュータの場合は、忘れようと思えばできるが、忘れたくないのであれば、いつまでも保持することができる。

人間も遺伝子の変化を通して、生まれながらに少しずつ賢くなってはいるかもしれないが、世代が一回交代するのにおよそ三十年かかる。現在のところ、先人の知識や考え方を受け継ぐには、各人ごとに新たに本を読んだりして勉強するしかない。

結局、人間の場合は、一人の人間がもっている知識のうち〇・〇〇〇〇……パーセントぐらいしか次世代に伝わらないのではないか。

ところが、コンピュータはいいことであれば、つぎのコンピュータに全部伝えることができるのである。その意味では、進化のスピードのスケールが人とはまったく違うと言えよう。こう書くと、「記憶力はとてもコンピュータにかなわない。覚えることはコンピュータにまかせて、人間は思考力を磨いたほうが効率的だ」と言う人がいそうだが、それは、とんでもない間違いである。

◉「覚える力」と「引き出す力」

「実は、○○と関係があるのですよ。それに思いついてできたのです」

どうしても解けないでいた問題を先に解いた人から言われ、それだったら、自分のほうが経験が豊富だし、知識があるし、「俺にもできたはずなのに……」と悔しい思いをすることがある。アイデアにしても、「このぐらいのアイデアだったら、自分が考えついてもおかしくないのに」と思うことは結構、多いものである。

記憶力には、覚える力と引き出す力の二つがある。いくら覚えても、それを引き出せなければ役に立たない。しかし、覚えていないものは引き出しようがない。つまり、その両方を鍛《きた》えないと、記憶力は生きてこないのである。

ミンスキー教授のフレーム理論に従うまでもなく、どこに何があるかを連鎖的に推理する能力が最も重要な知能の力である。頭の中でからまっている知識を解きほぐし、どれとどれが関連しているのかを見いだしたり、一見、関連なさそうなところで関連づける力である。

コンピュータは一人の人が覚えきれない、そもそも普通なら出会うこともない膨大な情報を記憶しており、われわれはそれを検索エンジンによって、検索し引きだせる。しかし、人がある問題解決をしている時は、そうしてコンピュータから引き出した知識が、短期間にせよ自分の頭の中に、それまでもっていた知識とともに記憶構成されなければ役に立たない。

コンピュータがいくら豊富な知識を内蔵していても、人間自身がそうして検索した知識を、覚え、関連づけ、再び引き出すという訓練をしていなければ、宝のもち腐れである。では、どうしたら、そういう関連して引き出せる記憶とすることができるか？

記憶力を鍛えるいろいろな本が書かれているが、残念ながら、私には特効薬があるとは思えない。

が、まず、覚える時に、理解して覚えることである。理解して覚えたことは正しく出てくる。例えば、問題を解く時でも、「あ、これは昨年解いた問題と似た問題だ」と気がついてすら解けることがある。しかし、昨年解いた問題をしっかりと理解していないと、関係がわからないために脳のなかで連結することができないのだ。うろ覚えではどこかに穴ができて、あとで活用することができない。

つぎに、どんなことを読んだり聞いたりしても、自分の知っていること、経験したこととの関連を思い浮かべることだ。いつも、「もしそうなら」とその役立《やくだ》ち方について想像を膨《ふく》らませながら新しい知識を覚えることである。それが知識への感受性をたかめる。

記憶をアイデアや創造という問題解決に生かすためには、一つ一つを覚える時に、「わかった」と「もしそうなら」からスタートすることであろうか。

24. 思考力、記憶力は、繰り返しやることで伸びる

将棋の羽生善治さんと対談した折に、羽生さんは、「将棋を直感で指す」と言われた。われわれ素人は一手ごとに、「こう指すと、こうなって……」といちいち考え、「計算」して指すが、プロ棋士になると、盤面を見た瞬間に、指し手がひらめくのだそうである。

私のようなヘボもヘボ、将棋のルールも定かかどうかという人間としては「さすが」と思うのだが、一方、コンピュータ屋としてはその説明に「待った」をかけたくなる。

◉直感もコンピュテーションである

一般に、羽生さんの説明のように、直感は論理的な思考と対比させて別の能力のように言う人が多い。しかし、私は直感も実はロジカルな思考となんら変わらないと考えている。直感がコンピュータ科学で言うコンピュテーション（計算）――つまり、情報処理――でないとは考えられないからである。

コンピュテーション（計算）を普通に言う計算、つまり単に足し算・掛け算という意味だけにとらえるのは誤りである。コンピュテーションとは、四則演算とともに、繰り返し、論理判

断、分岐、場合分け、入出力などコンピュータプログラムとして実行できること、つまり情報処理として定義できることという意味である。

　ある顔がだれであるか、見てきれいと感じるか、とかいうのはパターン認識や感性などといわれる。実はこれもコンピュテーションである。確かに、現在のところ、コンピュータは最も不得意とされている。しかし、その理由は、人間自身がそのやり方を明確に説明できないところに大きな問題がある。

　皮肉な言い方をすると、われわれは、自分でコンピュテーションの方法を説明できないものを、直感とか勘とよんでいるにすぎないといえるのである。

　実際、一時は、われわれが直感や勘を使っているとみえるものは計算機では絶対にできないと言い張る人がいた。しかし、さまざまな分野で計算機は人と同様に、時にはそれ以上のことがだんだんとできるようになってきた。

　例えば、チェスでは「計算機は絶対に人間のチャンピオンに勝てない。人はパターンと直感で指すからだ。計算機に負けるようなやつはよっぽど知能のない人間だ」といったドレイファスという人は一九八〇年代にあっさり計算機に負けてしまったし、九〇年代の半ばには計算機は人間のチャンピオンに勝ち越したのである。

　すると人間とは勝手なもので、「チェスのようなやさしいゲームでは『本当の』知能は計れない、将棋や碁ではどうだ」と言う。ちょうど、日米経済紛争時に「物まね」「低賃金」「構造障壁」と次々と言い訳を考えたように。確かに今は、将棋や碁でコンピュータは人に勝てない。しかし、早晩逆転するだろうと私は見ている。

プロ棋士は本当は計算しているのだ。ただ、組み込み機能化されているので、その計算が速く、自分では意識せずにコンピュテーションをすることができるのだ。

◉人が物の落下を万有引力の法則を使わないでわかるのは……

羽生さんは六歳の時に将棋を覚えたそうだが、習い覚えたころは、「こう指すと、こうなって……」と、実際に手を使ったりして駒を動かしていたのではないか。そして、慣れてくると、そうしなくても楽に結果を見通せるようになったのだと思う。

脳の中の神経細胞であるニューロンのある組み合わせが毎回毎回発火していたが、その発火の仕方がいつも同じなので、そこに結合が生まれる。

計算機の言葉でいえば、毎回決まった機能を繰り返し繰り返し実行することで、それがほとんどハードウェアのように動くファームウェア化したのである。これは学習の一種で、「第一原理に戻らずに塊になった知識を使う」チャンク（塊）化という。例えば、物を落とすとどうなるか？　本来、万有引力の法則によって導き出される結論であるわけだが、われわれは毎回、毎回、もとの法則に基づいた計算をしないで答えを見いだせるようになっている。

コンピュータ自身でも簡単な例がある。昔の計算機は難しい関数（例えば三角関数）は毎回、毎回計算していた。だんだんメモリーが安く大量になってきたので、ある種の関数は毎回計算せずにテーブルにしておいて引き出したほうがよっぽど速度が速いということになってきた。

◉子供のころからものを覚えるのが好きだった

私は、子供の教育の基本は「読み・書き・ソロバン（計算）」だと思っている。読み・書き・計算は、すべての学科、さらにいえば思考、記憶力の基本中の基本である。基本は繰り返しやることで身につくものであり、近道はない。脳の中にチャンク（塊）ができてはじめて基本として身につく、応用することができる。そのためには、ニューロンの発火を何回も何回も繰り返す必要があるのだ。

私は、小学生のころから、覚えることは好きだったし、得意だった。神戸の小学校の一年生の時の受けもちの先生は、本を暗記させることがいいことだという先生で、生徒に教科書を繰り返し読ませ、覚えさせた。覚えて来て皆の前でそらんじたら、何ページまで進んだと教室の後ろに貼り出す。私は丹波の田舎から二学期の九月にその学校に転校してきたのだが、十月にはクラスメートのはるか先に進んでいた。

小学校のころは家が貧乏だった。辞書などは買ってもらえない。そこで、四年生のころ、一年から六年までの国語の教科書を全部借りてきて、各巻の「漢字一覧表」とその使用例を全部きれいな紙にあいうえお順に書き写した。それを糸で綴《つづ》って、自分だけの辞書をつくったりしたものである。自分でつくったものは愛着もある。もち歩いて繰り返し見たり、書いたりして全部を完全に覚えた。

中学校や高校では、英単語を暗記するために、紙を半分に折り、片方に英語、もう片方に日本語を書く。そして、片方を隠して、「book」とみればすぐに「本」、反対側から、「黄色」とみればすぐに「yellow」と言う、書くという方法で暗記した。一瞬のうちに反応できない単語にはしるしを付ける。一つでもしるしがあれば紙全体をやり直して、しるしがゼロになるまで繰り返し、徹底的に練習したものである。

詰め込み教育はいけないというが、頭の中に何もなければ、考える材料を引き出すことはできないのだ。詰め込むことが悪いのではない。詰め込み方が問題なのである。羽生名人のように関連知識をさっと引き出すことができればよいのだ。

25. 異なるジャンルの人と知的に対決

自分の専門の考え方や知識があってこそビジターとしてほかの分野の専門家と対等に戦える。専門の違う人を納得させるのは骨が折れる。専門という武器をもって対決する中からこそ、驚いたり、共感したりしながら自分とは別の角度からものを見たり、思いもよらない意見に触れる。その発見が、古い思考の枠組みを壊す発想やアイデアに結びつくのである。

◉未知なものと自分よりすぐれた人への感受性

ある企業のトップの人に、こんな話を聞いたことがある。

他社が完成した新技術を自社の技術者に見せて、「これを採用したらどうか?」と言ったところ、十分な検討もせずに、それは自分のアプローチと違う、よそが開発したものを採用するのは技術者としてのプライドが許さない、と言って反対したという。

「技術者は頭が固く、狭い視野でしかものが見られない。専門的なことしかやっていないから幅が狭く、社会常識にも疎《うと》い。『専門バカ』だ」と揶揄《やゆ》されることがある。

専門家は、その分野については素人よりも勉強している。経験も豊富である。その経験則で考える材料の幅は素人と比べると格段に広く、正しいことが多いだろう。プライドをもつことが必要である。しかし、経験を積むことによって、固定観念にしばられ、新しいことに怖じけづいたりすることがある。経験はネガティブな要素になることもあるのだ。

一度身についた思考の枠組みから考え方を飛躍させるのは難しいものである。

コンピュータ技術者が歳をとると進歩についていけなくなるというのは、急激な進歩に伴う新しい知識を吸収する能力がなくなったというだけではない。身についた思考の枠組みが、自分のアプローチと異なる新しい考え方や知識を吸収する邪魔をしてしまうのだ。

これを防ぐには日ごろから未知のものに触れておくことだ。未知のものに触れる最もよい方法は、自分の専門外の人の話を聞き、彼らと話をすることである。世の中には自分の知らないことを知っている人、自分よりはるかに優れている人、自分が思いもしないことを考えている人がいくらでもあり、驚かされる。

◉ツボをいかに押さえるかは、話し方と研究で同じである

日本にいるころは、「論文や新聞で名前を知ったこの人が来たのなら、ぜひ会って話してみたい」というのは、年にせいぜい二、三回程度だった。

私が勤務しているカーネギーメロン大学は、コンピュータ科学の「御三家」と言われているだけあって、世界中から有名な研究者、技術者、企業家が多く訪れる。しかも、コンピュータ

屋だけでなく、さまざまな分野の人がである。知的刺激には事欠かない。まともにつき合っていると、それだけで毎日がすぎてしまうくらいである。

研究のためには論文を読むことが必要不可欠だが、そんな人に会ってフェイス・トゥ・フェイスで知的会話をもつことは、刺激的であり、学ぶことが多い。

そんな人と話したり議論をすると、相手の言葉に触発されて、ぼんやりと考えていた事柄の輪郭が浮き彫りにされたり、抱《かか》えている問題を解決する糸口になってくれることが少なくないのである。

私が「折り紙世界の理論」の発想のヒントを得たのは、A・ニューウェル教授と話していた時であったと言った。彼は人間的に優れた人であった。私の専門とは違ったが、当時の私のような若造の言うことを実によく聞き、一緒に考えて真剣に議論してくれるのには感激したものである。

一時間の約束で会うと、その間、絶対にほかの人と話をしない。部屋に電話を置いていないので邪魔をされることもない。どんな人に対しても、全身全霊をこめて話を聞くのである。講演を聞く時も、いねむりをしたり、内職をしながら聞くということを絶対にしないし、内容が面白くないからと時間前に席を立ち去ることはしない人だった。「自分がこの話を聞きにくるという悪いデシジョンをしたのだから」と言って。

ニューウェル教授はやさしいが、いい加減な説明をすると、それを捉《とら》えて徹底的に質問する。「なんとなくこうだから」といった回答を許さないきびしさがあった。そんな人と話すことは最高の教育である。私は彼のツボを押さえた質問の仕方や追究のきびしさから、非常に大事なものを学んだ気がする。

私も若い人と話す時は、ニューウェル教授が自分にしてくれたようにしたいと思って努力している。きびしさだけはいい線をいっているようだが、そのほかはまだまだと反省しきりである。

◉異なるジャンルの人と、専門という武器をもって対決しろ

最近は、企業の人たちの間でも、異なる分野の人と積極的に会うことが勧められているようだ。自分が足を踏み入れたことのないジャンルで活躍している人と話すことは、興味深く、刺激的である。いわば知的対決だ。

「あ、そうか、そういうことをやらなければいけないのか」「こんなことを考えている人がおるのか」「なんだ、そんなふうに考えるのか」などと、感心し、啓発される。まさに「アイ・オープニング（開眼）」である。今までに考えが及ばなかったことを言われると、目が開かされるのである。

どの分野の人であれ活躍している人は、その分野についての問題をアブストラクト（抽象化）して考えられる人である。分野が違っても抽象化された思考方法は共通している。お互い

に了解できるものが多い。

この抽象化というのはいわゆる抽象的に話すことではない。特定の例、出来事の一段上の共通の概念をつかむこと——ツボを押さえること——である。ツボをいかに押さえるかは、どの分野でも、研究でも、話し方でも、教育でも、同じである。

だから、ただ漫然と話すのでは意味はない。自分の専門、つまり、ホームグラウンドでの知識、経験を抱えて出ていくことが大切である。サッカーの試合は、ホームグラウンドとアウェーの二回試合をやって勝敗を決めるという方式がとられている。サッカーのサポーターは熱狂的だから、ホームグラウンドでする試合は応援を受けて楽に戦えるが、アウェーでは孤軍奮戦、勝つのが難しくなるそうだ。アウェーで勝ってこそが実力の証明である。

26.

ゆとりの教育と詰め込み教育を弁証法的に考察する

教育は、知識とアイデアが生み出す効果に対する素直な驚きと尊敬を体験させることで、考える意欲と力という能力を養うとともに、その知識を運用するスキルをも獲得させなければ意味がない。教育における最も貴重な資源は生徒の時間とその注意力である。それをどう効率的に利用し、維持するかが教育法の議論でなければならない。

◉自分で学習するロボットは、自力で賢くなったのか?

最近は、自分で学習するロボットが数多くつくられている。例えば、ロボットにまず、「まっすぐ前に進む」「右を向く」「前方に音波を送って、すぐに反射が来るか調べる」「前に進めなくなるとバックする」などの基本的な機能プログラムを用意する。つぎに、「目茶苦茶にいろいろな機能をトライする」というプログラムを書いておく。

さらに、その上に、さまざまなトライアルのうち成功に導いたシーケンスの組をより高い確率でトライするという学習アルゴリズムを入れておく。これを強化学習法と言う。そして、例えば「なるべく早く目的地に到着する」といった学習目標を設定して放す。

するると、ロボットは最初は物にあたりながら、とにかくあっちへ動きこっちへ動きしている。しばらくすると、だんだんスムーズに動くようになり、物にあたらなくなる。物にあたらないほうがいいということをロボットがみつけたと言える。

しかし、「そうではない、人間がそうなるような学習プログラムを書いたからであって、ロボットが学習したわけでない」と言う人もいる。

そこまでくると、「俺の子供は賢くなった」と言う人に、「いや、あなたが賢くなるように教えたのだ」と言うのと同じである。

いずれにしても、人間社会はこのロボットと違い、目茶苦茶にトライをすることからだけでなく、組織的に教わりながら多くのことを学ぶ、教育というシステムをもっている。

◉円周率は三？

その教育について日本ではこのところ、ゆとりの教育か詰め込み教育かの論議がある。

例えば、学習指導要領の改定に伴い、これまでの三・一四……として教えてきた円周率を、三にして子供たちに教えるようという案が出され、論議を呼んだという。繁雑な知識の暗記をさけて教育内容を削減するための方策というのであれば、「問題解決ができるような総合的な知を求める」という方針とは無関係である。円周率を三とするほうが、計算に時間をかけずに大体の答えを知ることを学ばせられるというのであれば、それはそれでよいことであるが、計算のスキルを学ぶことには貢献しない。

そもそも、受験戦争で詰め込み教育によって子供たちに考える力がつかない。それでは、というので、週五日の体験重視によって考える力を身につけようとするゆとりの教育にした。すると今度は基本的な計算もできない学力低下がみえた。そこで、再び反復学習に力を入れると、詰め込み主義の復活と非難する人がいる。

この形で論議が始まったために、詰め込み教育＝悪＝記憶と反復の学習、ゆとりの教育＝善＝考えさせる学習という図式になったところに混乱の源がある。

新聞などにみられる関係者の論説は、詰め込み教育の弊害をあげ、それに戻るべきでないという指摘と、ゆとりの教育では学力低下の恐れがあるとの指摘の間の堂々巡りで、妙案はないように見える。

◉記憶・反復の学習と考えさせる学習は相反する概念ではない

円の周囲の長さと直径との比πというのはなんと不思議な数か。有理数でもない、ましてや整数でもない、こんな所にまでと思うさまざまな自然現象に現れるその不思議さを味わわせない手はない。それが問題解決学習だ。

一方、その値は、実用的にはほとんどの場合三・一四一五ぐらいの精度まで記憶しておけば十分であり、日常生活で円の周囲長や面積などの大まかな目安を早く知るには三で大丈夫というのは知識であり、それらを使って速く計算するのはスキルである。

これらは全部が必要で重要なのだ。

考えさせる学習はすなおな素人発想に通ずる道であり、記憶と反復学習は玄人実行を可能にする力である。ゆとりの教育か詰め込み教育かという理念論争をしていても始まらない。このごろは、あまりはやらないが、弁証法的に言うならば、ゆとりの教育と詰め込み教育の対立概念を止揚《しよう》する解決法が「素人発想、玄人実行」の考えなのではないか。そのためには何をすべきか。

われわれ教育者は円周率といった重要な概念の一つ一つについて、その考えのもとを教える効果的な方法を発明する必要と義務がある。そういう方法なしに、考える力のつく問題解決学習は実現できない。

毎年毎年、何百何千といった学校や大学のクラスで同じ基本概念が教えられている。成功したやり方、あまりうまくいかなかった経験を交換し改良する活動が教育界にもっとあってよいし、そういう活動をこそ政府は資金を出して奨励すべきである。いいアイデアには、賞金を出す、商品化して普及させるくらいの度量があってよい。

一方、記憶と反復のスキル学習の成否は個々の学生生徒の習熟度に応じた練習をどれだけ数多くするかによる。それを効率よく実行するためには、コンピュータを使った新しいテクノロジーをもっと積極的に利用すべきである。

例えば、私のカーネギーメロン大学のコンピュータ科学科では、「ＬＩＳＴＥＮ」という英語の読み方を教える個人教師用システムが開発された。また、「代数個人教師」という、代数を教えるシステムも作られた。これらのプログラムは単に問題をだし、点数を集計するといった、昔のＣＡＩ（計算機援用教育）プログラムではない。人工知能の音声認識と言語処理を組み合わせたり、人の認知思考モデルに基づいて作られた、本当に個々の生徒のスキルにあわせ、やりとりする個人教師である。

これらは、すでにピッツバーグ近郊の三〇〇以上の学校で使われている。その効果はドラマチックといえるもので、アチーブメントテストで一五〜二五パーセント、時には五〇〜一〇〇パーセントもの改善が見られたという。こういった新しいやり方をどんどん研究導入する意思を示すのが教育界の、そしてそのための資金を援助するのが国家・地方自治体の責務である。

第3章

「自分の考え」を表現し、相手を説得する

実戦！　国際化時代の講演、会話、書き物術

27.

説得する――黙っていてはわからない

日本人の研究者や技術者で残念なことは、いいことをしたり、言っているのだが、英語や発表の仕方の問題のために理解されないということが多いことだ。

サルの社会文化に関して京大の今西錦司博士が半世紀も前に提唱された考えを、ようやく欧米の生物学者もとるようになってきたが、今西博士が本来受けるべき評価は受けていないということを読んだ。

数式や図表といった共通語が使える科学・工学は文化系の学問よりは多少は楽ではあるが同じような困難はある。自分のアイデア、結果を人に伝え、説得するというのも、研究活動の一環である。

◉アイデアや結果は人に知られてこそ、のものである

「いい考えは黙っていてもわかる」という考えがある。しかし、それは価値観と行動様式が初めから皆で共有できている一様な社会でのことである。現代の多様で国際的な社会では難しい。

あるいは、その人の行動には価値があるはずだということを、何らかの方法ですでに世の中

に納得させた人にのみ許される贅沢《ぜいたく》であろう。

「自分はいい考え、あるいはすばらしい結果をもっている。しかし、誰もわかってくれない。世の中の連中の目は節穴だ。そんな連中を相手にしても仕方がない。無視するだけだ」と言う人もある。残念ながら、それは現実的には負け惜しみでしかない。

人を納得させられないアイデアはアイデアとは言えないし、人の知らない結果は価値がない。人に影響を与えないからである。

一般には、黙っていては人はわからない。自分がいいアイデアや結果をもっていることを、講演や書き物で人に伝えて納得させる必要がある。それも研究活動の一環である。

◉言葉は要らない?

言葉など要らないという人もある。

「どこどこの国に行った。向こうの人と手振り身振り、互いにブロークン英語で完全に通じた。言葉などなくても、人間同士、気持ちさえあれば、理解しあえる」

うそではなかろうが、正確には、言葉がなくても通じるレベルのことが通じたというべきであろう。人は互いに会話のモデルをもっているから、状況と表情やしぐさだけで、何を話そうとしているか想像できる。その想像に沿った話なら、言葉は要らない。確かに、スーパーマーケットに行けば、一言も話さなくても、全部用は足せる。

しかし、病院ではどうだろう。病気の部分は体表なら指差すか、体内でも絵で何とかなるが、痛さはしくしくとか、刺すようにとか言えなければ困る。ましてや、もっと抽象的な概念や事実を使って議論しなければならない技術的な話は言葉なしでは不可能である。重要な交渉ごとは言うまでもない。

国際化時代においては、好きでも嫌いでも英語なしにはやっていけない。ヨーロッパの研究者と話したが、ヨーロッパではさまざまな研究計画や資金調達が、ＥＵという多国間の枠組みの中で行われている。だから、研究提案書から報告まですべて英語でするという。確かに、ヨーロッパの人はスポーツ選手から、政治家、技術者みな自国語と英語を自由に操《あやつ》る。外国語で話さなければならないということに、ハンデキャップだけでなく、民族的観点から嫌悪感を覚える時もあるし、そう議論する人もある。どの言葉が国際語となるかは通貨と同じように、その時々の経済的、政治的、地政学的影響力で決まり変わっていくことは歴史の示すところである。

現在において、われわれが世界に発信し、影響を与えるためには、ハンデキャップを乗り越えて、英語を勉強するしかない。その分、われわれの頭は英語を母国語とする人たちより、よく働いているし、発表の仕方を意識的に研ぎすませられると考えよう。

◉わかる話、わからない話、聞かせる話、聞かせない話

話（あるいは書き物）には、わかる話、わからない話、聞かせる話、聞かせない話がある。するからには、わかる話を聞かせる話としてしたいと思うのは当然である。これにはアイデア、結果、構成、言葉、聞かせるテクニックが密接に関連している。しかも、この順番に関連している。

私の経験ではよい仕事――よいアイデアと結果のある話――は話しやすい。まず、自分が話したくて仕方がないから熱意がでる。熱意があると、話の構成から細部まで気を届かせようとする。その熱意が聴衆や読者に伝わる。

話を構成しやすい。ああして、こうして、こうなってというストーリーが作りやすい。しかも、その時に、結果から入るのか、背景から入るのか、どこから始めても相手を納得させる筋書きが存在する。何せ内容がよいのだから。

うまい筋書きができると、言ったり書いたりするのが楽である。話のそれぞれのところで言いたいこととそのニュアンスがはっきりしているから、ぴったりの文章や言葉が探しやすい。そして、間のおき方が自然とわかる。不思議なことにこれは外国語でも同じである。なぜか、適切な言葉が出てくる。出てこなくても、辞書や他の論文で似たような言い回しを探したり、母国語をしゃべる人に訊く時も混乱がない。間のおき方は万国共通のようである。

よい仕事はさまざまなことに関連し、含みをもっている。すると、ジョークがつくりやすい。いろいろな逸話に遭遇する。それらを聴衆によって適当に配置すると、間のおき方と同様聞かせるのに役に立つ。

結局、よいアイデアと結果がすべての元であり、それなしでよい講演をしたり、よい論文を書くことは不可能である。しかし、それでも発表の仕方、論文の書き方というものはある。

私の考えではその基本となるものは、読者や聴衆に「親切であろう」とする気持ちではなかろうかと思う。

話の論理を飛ばさない、一貫した記述を心がける、無駄に話を難しくしない、退屈させない。ここで読者や聴衆はどう考えているだろうかと想像する。読者や聴衆の身になってやれば、自然とよい話になる。

この本は話し方書き方の組織的なハウツー物ではない。私の実戦経験にもとづいたエピソードをいくつか述べよう。

28. 前置きなしに話す——こう言えば、ああ思う

前置きの長い話は退屈である。どうしたら前置きなしに話せるか。重要な戦略がある。それは手もちのカードをよいものから順に出すというベストファーストの方針である。

◉日本の研究者や技術者は、海外で講演するのが下手？

確かに、大きな国際会議の講演から、私の研究所を訪問された方にお願いしたセミナーにいたるまで、正直に言って、一般に日本の研究者や技術者の話は内容の割にもうひとつ聴衆に受けないという印象は否めない。外国語で話をするというハンデキャップを計算にいれてもである。

何が違うか？　私は日本人の講演は前置きが長すぎるのだと思う。一般にプレゼンテーションは研究の背景、現状、理論、結果、展望と順を追って話すのがいいとされている。しかし、研究の必要性、従来技術の長短比較などの話は、ありていに言えば、知っている人はもう知っているし、知らない人にはわからないしろ物である。だから、ほとんどの聴衆には面白くない。

私は、話は前置きなしに、聴衆の一番関心がある結論のところから話を始め、途中、どこで終わってもよい順序にする戦略が大切であると思っている。

◉聴衆の関心が一番高いのは、話の初めである

前置きなしに、結論、つまり一番面白いところを早く話すというのは、聴衆の立場からもうなずける。図は、講演における聴衆の関心度の時間的推移である。話の初めが最大で、すぐに急激に減少し、最後に再び上昇して終わる。私自身の内省と、他人の講演の様子を観察して作成した、私の素人心理学的考察である。

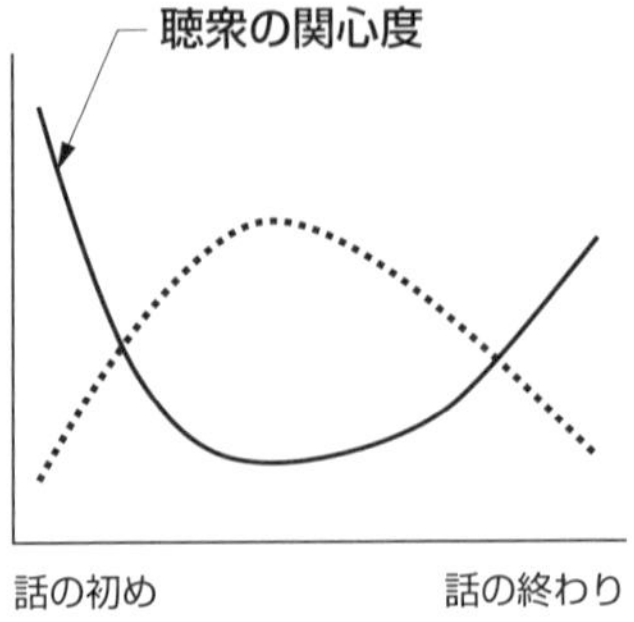

講演の初めは聴衆は緊張して、演者が「何を言うか」と聞き耳をたてている。が、しばらくすると居眠りをし始める。そして、もうすぐ話が終わるかなというころになると、なぜかムクムクと起き出して最後の拍手は間違いなくするという経験はよくあることだ。

これに対して、図の点線のように、話の最も肝心な部分を中頃にもってきたのでは、聞いている人は、わかりきったことを聞かされたうえに、肝心の話の中身は聞かずじまい、最後にまた当たり前の将来展望を聞いたという、最も印象の悪い結果になってしまう。

◉「用意したスライドを逆に使え！」

ある時、日本の企業の若い技術者が来た。カーステレオのチャンネルを音声でコントロールする装置を開発したので、カーネギーメロン大学の音声研究グループの前で講演するという。

「どんな話をするのですか？」

と聞くと、自分の会社の研究所の組織、研究の哲学、分野の展望を経て、残り三分の一のところで本題の新しい研究内容に入り、最後に、開発されたシステムの能力の一覧で終わるというスタイルだと言う。会社では、研究の背景、現状、必要性を順を追ってプレゼンテーションするのがよいと教えられてきたというのだ。

私の専門分野ではなかったが、一対一で話して、いろいろ聞いてみると、非常にユニークで、いい研究をしていることがわかった。多分にお節介とは思ったのだが、

「このままでは、せっかちなアメリカ人は、礼儀上帰るわけにいかないホスト役以外は、途中で皆いなくなってしまうのではないか」と言った。「じゃあ、どうすれば？」と言うので、

「用意したスライドを後ろから逆に使ったらいい」

とアドバイスした。

まったく逆というのはおおげさにしても、スライドを一枚だけしか使ってはいけないといわれたら、どれを使うか、二枚だけなら、三枚だけなら……と考えて、いわば手もちの、よいカ

ード順にベストファーストの方針で使うわけである。

結局、もとの順序とはほぼ逆の順番に、
①私は、カーラジオを音声で指令できる装置をつくった。この装置は運転中の自動車の中で、三〇語をリアルタイムで九五パーセントの精度で認識できた。
②車の中は、エンジンの音とカーステレオ自身の音など、背景騒音がうるさい。これを引き算することが最も重要な秘訣である。
③そのために、私はAという方法を使った。
④B、Cという方法も考えられるが、私の目的にはAの方法がB、Cよりもこういう理由で優れている。
⑤なぜこのような研究をしたかというと、私の研究所では自動車会社に商品をつくって納入しているからである。
と話せとアドバイスしたのである。彼は徹夜でスライドを全部つくり直したそうだ。

あくる日に、結果を聞くと、

「二十分話したら、あとの四十分間質問がとまらずに盛り上がりました」

とのことであった。

ベストのカードを先に使うために、必要最小限の準備としての前置きしか言わないと、自然と話が簡単になる。そして、その流れが自然に聴衆の期待と合う。よい結果が出たと言えば、

「どうして?」、こういう方法でと言えば、「なぜほかの方法ではだめか?」、こういう目的に使うと言えば、「なぜ、あなたが?」と。

また、このベストファースト法のよい点は、肝心なことを先に言うので、いつでもやめられることである。最初のほうのスライドで「終わり」ということもできる。肝心なことを言わないうちに時間がきて、「もち時間がなくなってしまったので……」と飛ばしたり、駆け足で話す始末にならずにすむのだ。

29. 結果は説明ほどにものを言い

日本人は謙虚さを示そうとするせいか、「たいした研究ではありませんが……」とか、「下手な英語で申し訳ありませんが……」などと、くどくど言う人がいる。しかし、研究がよいかどうか、英語がうまいかどうかは聞けばすぐにわかることであり、その判断をするのは聞く方の聴衆の役目なのだ。

◉言い訳から始めるな

講演や研究発表をする場合、まず言い訳から話を始めることをやめることだ。聴衆がしらける。他人の時間をとって話をしようというのである。「この話を聞いたほうがいいのだ」と自信をもって言える話を準備しよう。

何年か前、アメリカ人工知能学会で招待講演をした時に、アメリカ人の教授から、「あなたの話を聞いていると、『そうだな、そうだな』と思っているうちに話が終わってしまった。そして、ずいぶん深い考えがわかったなあという気持ちになった」

と言っていただいた。今までもらったなかで一番いいほめ言葉だとありがたかった。結局、それが、話の仕方の神髄だと私は思っている。

背景の話はあとからしろと言った。背景は良い結果があって初めて意味があるのだ。良い結果を聞いてから、「なるほど、これであの難しかった問題が解決されたのか」と感心するわけで、たいした結果のない研究の背景など、どうでもいいのである。また、聴衆に、話が始まったばかりの結論がわからない段階で話した背景を、最後まで覚えておいて結論と結び付けろというのは無理な注文というものである。

背景の話は、具体的成果の話と違って抽象的、概念的な言葉を使うから話のテンポが遅くなり、退屈な話になりやすい。ここで外国語で話すというハンデキャップが、最大の負の負担として現れる。

◉内容は正確に、しかしプレゼンテーションは精密でなくてもよい

講演をテンポよくし、外国語で話すというハンデキャップを減らす有効な戦略は、話す内容は正確でなければならないが、プレゼンテーションそのものは精密である必要はない、と割り切ることである。

例えば、「P、Q、R、……の場合を除いて、AならばBである」という定理を話すのに、精密であろうとする人は、P、Q、R、……の説明から始める。Zに到達したころには、聴衆は全体が何かわからずに興味を失ってしまうだろう。まず「AならばB」を述べる。それがいか

に役立つか、確かに実際にうまくいくという結果を示して納得させる。

それから、「ところで実は」と、例外とその生まれる仕組みの説明を通して本題の一層の理解を図る。時間がなければ、例外がある事を指摘するだけでもいいのである。もっと高級なやり方は、「例外があるのでは」と聴衆が疑問をもつように仕向けるやり方である。そう思ったところに「実は」とやれればもう最高である。

しかし、精密でなくてもいいというのと不正確とは違う。できないことをできると言ったり、実際以上の能力があるかのごとく言うのは嘘であり、不正確である。また、精密でなくてもいいというのと大まかに話すということを混同してはいけない。全体を大まかに話すのではなく、不要な部分を取り除き、正確な話をするのに必要な部分だけを丁寧に言うことが肝心なのである。

論文の場合は正確さと精密さの両方を期すべく、順を追って書かれなければならない。しかし、話す時にはそのままではうまくいかないことが多い。論文は読者が自由なタイミングで読みなおすことができるが、講演は時間軸に沿って一次元的に進むし、しかも聴衆はその軸を速めたり遅めたり、スキップすることができない。論文や本を読み進めている人は興味をもっているから読んでいるのだが、聴衆の場合は、興味をもっているという保証はない。テレビの『刑事コロンボ』のように、まず結果や結論を先に示し、興味をもたせてから説明するのでなければ、なかなかついてきてくれない。

◉英語がうまくないことは単刀直入に話せる有利さでもある

このように見てくると、講演をするうえで外国語という言葉のハンデキャップは、意外と小さいといえよう。外国語があまりできないことはむしろ、内容のない美辞麗句を知らないし、使えない分、単刀直入に話を進められる有利さがある。苦手なことを武器にするのも逆転の発想である。

前置きなしで話すのは、聞く人がわかってくれるかどうか心配なものである。しかし、「目は口ほどにものを言い」と言う。それなら、

「結果は説明ほどにものを言い」

と考え、前置きなしに単刀直入に話す方法を一度試していただきたい。講演だけでなく、会議をはじめ、人を説得するのにも有効な方法である。

ただし、よい結果、よい考えがあってのことであることをお忘れなく。

30. 説明して納得させるのではない。納得させてから説明するのだ

「何回説明したらわかるんだ！」

子供や部下に向かって、こう怒鳴った経験はないだろうか。しかし、果たして、悪いのはお子さんであり部下なのだろうか。私は学生によく、

「わからせてから説明する方法を考えろ。説明してわかってもらうのは難しいのだ」

と言っている。一般に、説明はわからせるためにするものだが、本当はそうではない。

◉話は相手にイメージを喚起させることから始める

相手がまったく知らないことを説明するのは難しい。ゴルフを知らない人に、バンカーショットのこつを説明しようとしても理解させることはできない。相手に興味や関心がなく、想像もつかないことは、まさに「馬の耳に念仏」というものだ。

講演にしても、知らない話の内容ばかりだったら居眠りをするだけである。知っていることが五〜六割あって、「そうだ、そうだ」と思っているところに、四〜五割知らないことを教えら

れると、「なるほど。これは聞いて得をした」と納得するのである。

これは、新しい知識を使える知識とするには、すでにもっている知識と結び付けなければならないことと深く関係している。新しいことばかりでは関係づけられないのだ。

作家の司馬遼太郎さんの作品は、たとえ話が上手なので読者は歴史がわかったような気持ちになるという。幅広い人気の秘密の一つであろう。例えば、明治初期に、日本がどのように西洋文明を取り入れたかということについて、次のように書くことで始めている。

「自動車などの内燃機関には、配電盤《ディストリビューター》というものがついている。

いうまでもなく、気筒群《シリンダー》のそれぞれの点火栓《プラグ》に電気をくばる装置である。くばることによって一定の順序で爆発させる。

まことに明治初年、西欧文明受容期の日本は一個の内燃機関だった。

その配電盤にあたるものが、東京帝国大学（以下、東京大学）で、意識してそのようにつくられた。いまでもこの大学に権威の残像がのこっているのは、そのせいである。

明治三十年（一八九七年）、京都帝大が設立されるまで三十年間、日本には右の〝配電盤〟は一つしかなかったが、じつによく作動した」（「文明の配電盤」『この国のかたち』三、文春文庫）

明治初期の日本を内燃機関とだぶらせることで、読者にそのダイナミズムをイメージさせるとともに、明治維新が上からの意図的な改革であったことをも示唆しているのである。ただし、あとで述べる「たとえ」の危険性には注意しよう。

◉複雑な理論でもわからせられる

現在のインターネットの理論的な基礎を築いたＵＣＬＡのＬ・クラインロック教授は話の天才と言ってよい。私は彼の講演を聞いて話のこつに開眼したといえる。複雑な理論が彼にかかると平易で目に浮かぶようにわかるのである。

「待ち合わせの理論」というのはネットワーク通信の基礎理論である。例えば、電話回線の数が使いたい人のニーズに応えるためにはどれぐらい必要で、それを要求がかち合わないようにどう効率的に配分すべきかを解析する理論なのだが、きわめて複雑な理論である。彼は、

「皆さん、待ち合わせの理論はなぜ要るのでしょうか？」

と問いかけるところから始める。

「それはそもそも資源を共有しようとするからであり、回線の数（資源）が使いたい人（要求）と拮抗《きっこう》しているからなのです。なぜなら、回線の数が使いたい人よりはるかに多い場合、つまり回線がガラガラな時には、勝手に使わせておけばよい。すると、ほとんどいつでも好きな時に使えて待ち時間はめったに起こらない。逆に、使いたい人が回線の数よりはるかに多い場合、つまりみんなが待って待ってしている時には、あらかじめ順番を決めて使わせればよい。すると、回線はほぼ一〇〇パーセント無駄なく使われる」と。

私は待ち合わせ理論の講義や本をずいぶん聞いたり読んだりして、難しい式を理解しようと

したが、恥ずかしながら、こんな最も簡単で当たり前の事実がその出発点であることに気づいたことはなかった。

ここから始めて、現在のコンピュータやネットワークで使われているイーサネットやバスの方式の基本概念がこの二つの極端な場合の間をどう取りもつかを、クラインロック教授はさまざまな技術的なエピソードやジョークをおりまぜながら説明するのである。だから、いろいろな方式を解析した式のどの項がそのアイデアのキーになっているのかがわかる。待ち合わせ理論の本質を習った気がした。

よく考えればあんな複雑な式など専門家でも右から左と導いたり、覚えたりはできないのだ。そのもとの考えがわかってからの話なのだ。

◉「言っていることが全部わかるような教授はたいしたことはない?」

クラインロック教授ほどではないが、私の話もわかりやすいとされている。ある時、ポルトガルから来た学生に射影《しゃえい》幾何学とよばれる方法を使ったコンピュータビジョンの理論の説明をしたら、「いままでわからなかったことが、やっとわかった。あなたのようにわかりやすい説明をしてくれる教授の話を聞いたことがない」とほめてくれる。

私が「そうするのがわれわれ教授の仕事だ」と言うと、

「ポルトガルでは違う。言っていることが全部、学生にわかるような教授はたいしたことはないという考え方がある」

と言う。なんだか、日本でもありそうな発想だなと思った。

わかりやすく理解させることと、話の内容のレベルを下げるのとは違う。その差を作るのは例の選び方である。わからせるためには、興味、関心をもたせ、本質を述べることが大切だが、そのためには、やさしい例をだす必要がある。

しかし、やさしい例を作るというのは難しいものである。あまりやさしすぎると例にならないし、難しすぎればその例自身がわからないから理解の足しにならない。

その秘訣は自分の言いたいこと、説明したいことがなければ解けない最も簡単な問題を作り出すことである。自分の理屈が「ほら、ここで効いてるでしょ」と言えれば最高である。そういう例を複数、段階を追って作れれば完璧である。そのためには、実は説明する本人自身が本当にわかっているかを試されているのである。

「わかっているがうまく説明できない」というのはうそである。

31. 人と話をする時に、相手の目を見て話す――自分の話に自信があるか

『「NO」と言える日本』という石原慎太郎さんと盛田昭夫さんの本が一時話題になったことがある。なんとなく、相手の言いなりになる、特に国際政治においての日本や日本人に対する警鐘であった。

同じ伝でいくと、「相手の目を見て話せる日本人」も訓練の必要ありかと思われる。

◉外国では、相手の目を見て話せ

NOかYESかをはっきり言うことも大切だが、相手の目を見て話さないと、外国では誤解される可能性がある。例えば、税関で「危険物を所持してないか?」、警察で「不正をしていないか?」と尋問されて、小さな声で「NO」といいながら、ちらっと目線をそらしたりすると、「あやしい」となる。目をそらすのは自信のなさ、確信のなさとみられるようである。

日本では、相手の目を見ないで話すほうがよい、特に女性はその方が奥ゆかしいとされる。

私はなぜか、日本にいたころから相手の目を見て話すようであった。それでも、アメリカで生

活していると、人と話している最中の何かの折に、ふと目をそらして「はっ」と思うことがある。

ＦＢＩがスポンサーの研究プロジェクトで、尋問中の容疑者のビデオをとり、それをコンピュータで処理して嘘をついているかどうかわかるか、というのをやったことがある。訊かれた時に目を瞬間しばたくというのも、目をそらすと同様、嘘とかなりな相関があるらしいとわかった。

この研究を見た国防総省の研究マネージャが「プロフェッサー・カナデ、これにもっと資金をつぎ込んだら、三年後には信頼性のあるシステムができるか？」と訊くものだから、この時とばかり、目をそらし、ぱちぱちとしばたかせながら、「イエス（ＹＥＳ）」。

●自分に自信をもつ！

相手の目を見て話すというのは、確かに自分の話に自信があるというか、何よりも自分自身確信している時である。じっさい、けんかする時に相手の目を見ない人は多分ないだろう。「ドクター・カナデの話を聞くと、なんとなくできるような気がしてくる」と言われることがある。もし、秘訣があるとするると、私は自分が信じることだけを話すように心がけている。すると、大げさに言わなくても、いやむしろ控え目に言ったほうが説得力がある。自分が信じないようなことを、人が信じることはありえないのだ。

研究者は、基本的に楽天家でなければいけないと言った。本来、研究開発とはそういうものなのだ。研究者は、わからないことを追究しようという人間である。それが、「これは本来わからないことじゃないか」などと、弱気ではダメなのだ。「できそうではないが、やってみよう」というのではできるわけがない。「できるに違いない」と思ってやっても、できないことのほうが多いのだから。十分に調べ、「できる」と思って問題に正面から挑む。知識に裏打ちされたその気迫が問題を動かし、突破口になるのである。

◉自信はプラス思考、ポジティブ思考から生まれる

私が関わった大陸横断の自動運転車、自動車や飛行機までも含む自動監視システムなど、いくつかの大きなプロジェクトの成功は後から考えると綱渡りの連続であった。

例えば、前に書いたスーパーボウルの「アイビジョン」がそうだ。「アイビジョン」は新しく設計された三〇台のロボットカメラを屋外の七万人収容の大スタジアムの最上階デッキにぐるっと配置し、電源、ビデオ、イーサネットケーブルのおのおのを、スタジアムの外の放送トレーラーまで各カメラごと六〇〇メートル、全長一八キロメートルも引くシステムであった。

本番は一月二十八日であったが、計画を始めたのが前年の九月で、十二月の初めになってもロボットは数台しか確保できず、前年の十二月二十四日クリスマスイブのニューヨーク・ジャイアンツ・スタジアムでの五台を使った練習では、開発中のソフトウェアだと三〇台のシステ

ムの場合にはその稼動準備に気の遠くなるような時間がかかることが判明した。はてはロボットの電源中のコンデンサが原因不明の理由で爆発し、電源そのものが使用不能になるなどの事故続出であった。

本番一週間まえの一月二十一日になっても三〇台のロボットのうち動くものは半分、しかも、その数がコンデンサ爆発でどんどん減っていく状態であった。

この危機を救ってくれたのは、完全に自律で飛行することのできるヘリコプタープロジェクトのメンバーで、プロ中のプロと言ってよいほど画像処理、コンピュータシステム、通信ソフト、電子回路に精通したスタッフ三人であった。彼らは毎晩徹夜のエネルギーと詳細にこだわるチェック、細心の注意をあわせもっていた。私は彼らがいる限り、成功すると信じていた。「アイビジョン」への私の本当の貢献は彼らを信じることだったと言える。

あとで、彼らは「あの時、タケオが心配そうな顔をせずに『できる、できる』と言い続けたことが自分たちが最後まで仕事ができた理由だ」と言ってくれた。

きっと多くの成功システムはそんな状況だったのではないかということは、テレビ番組の『プロジェクトX』を見ても想像できる。

こんな経験ができた自分は幸運であったが、学んだことはリーダーの自信は部下に伝染するということであった。

32. ほめて伸ばす。争点を明らかにして話す

議論で大事な事は「その問題について」議論しているのを忘れないことであって、問題以外のことは、例えば話し方がどうだとかは言わないことだ。私はたとえ自分の学生にでも、「その時には」一切言わないようにしている。そうしないと、正しい正しくないという議論でなく、感情的な対立を招くことになる。お互いに、発展は見込めなくなってしまう。

◉「Ｅｎｊｏｙ」文化と「極める」文化の違いが……

ほめて伸ばすというのは、世界に共通する良薬だそうである。

アメリカ人のほめ上手には感心してしまう。例えば、テニスコーチが教えているのを見ていると、「おお、ナイスショット！」「ビューティフル」とすぐにほめる。われわれから見ると、「あれがナイスショットかね」と思うのだが、平気で連発する。

彼らは、何事であれ、「Ｅｎｊｏｙ」とよく言う。この言葉は、日本語の「楽しむ」以上に、いいことも悪いことも全部をひっくるめた体験を「味わう」というような意味があるようだ。

一方、日本では、花も茶もサッカーも野球も、「極める、鍛錬《たんれん》する」が文化の土台にある。で、

すぐに「～道」になってしまう。

だから、逆に彼らからイチローを見た時に、その求道者的とも言える鍛錬や言動に深い魅力と尊敬を感じるのだ。アメリカのスポーツ紙の記事である。

この違いが子供を教える時にも影響している。日本人は、悪いところを直して育てようとする。私なども、自分の子供をほとんどほめたことがない。子供に勉強を教えていたころには「こんなことができないのか。ダメだな。お父さんが子供の時には、……」と、つい言ってしまっていた。今となっては「まずかったかな」と思っているのだが。

確かに、ほめる効用は子供にかぎらない。大学や大学院の学生でも、「おお、いいじゃないか、これ」「できたなあ。こんなことができるようになったか」とほめると、やる気がふくらんでくるのが目にみえる。ほめるのが苦手だと言ってはいられない。しかし、大学院や研究所はテニスクラブや小学校の子供相手ではないから、ただほめているだけというわけにはいかない。不十分でまずいと思うところはしっかりと指摘しなければならない。

◉学生には誠実に向き合う――議論では、双方の意見の対立点を明らかにしろ

私は学生たちに厳しいことをぽんぽんと言うほうだ。学生に「いや、違う。この例を考えてみろよ。どうしてそんな結論が出てくるのだ。もっと、しっかり考えろ」と言ったりする。

しかし一応、学生たちに好かれているということになっている。その前提となるのは、英語

で言うとシンシア、真摯《しんし》に学生たちに向き合うことだ。それが大切だと思っている。

学生の言うことを聞いて、間違ったことを言っても、うるさいから、その場は「よし、よし」とやり過ごす人がいる。私は決してそうはしない。しつこい性格のためだろうか。学生が間違ったことを言ったと思ったり、意見が違っていたりすると、一時間、二時間と話すことになっても、徹底的に話す。一方、学生の言っているほうが正しいとわかったら、「ああ、そうか。俺の間違いだった」と認めることができるほうでもある。

議論する時は、対等の立場で、争点を明瞭にすることだ。

議論の下手な人には、自分のほうが正しいということを言うために、どんなことを指摘されても、「いや、私はとにかくこう思うから」と同じ点ばかりを主張して、議論のアングルを変えない人がいる。

議論の上手な人は、相手と自分の意見や考えのどこが一番違うかを見つけだし、その違いを簡単な例を使って、鮮やかに浮き彫りにする。例えば、

「このどう見てもAという答えが出る問題に、あなたの考えが正しいとすれば、Bという答えが導きだされてしまう」

「あなたの考えと、私の考えの分かれ道はここだ。この例題でいうと、あなたの考えではここでXとするが、私のだとYとするところに差がある。どちらが現実にあっているか、どうすれば調べられるだろうか」

と。つまり、相手と一番競っている論点を取り出して、その差が鮮やかで、簡単なほど、違いを明々白々にすることができるのである。

「どちらの国が国際的に貢献度が高いか」という政治的な議論であれば、「わが国のほうが、世界に貢献している」「いや、わが国はどの国に対して何をしている」と言い合いしていても始まらない。

「昨年のODAへの拠出金の合計はいくらだと思いますか? 私の国は……。あなたの国は?」

「では、私の国のほうが大きいね」

「いや、単なる金額でない」

と話が展開すると、

「では、あなたは何を貢献とみなすべきとお考えか」

と次へ進むことができる。争点を明白にすることができなければ、議論にならない。

私はそういう議論ができるように学生を訓練しているつもりである。自分の学生でない人の場合で争点を明白にできない人と話すのは、あっさりあきらめることにしている。

◉話し方の悪い癖——「But」

議論は内容だけに集中しろといった。

ただ、議論において、話し方自体はきわめて重要なことである。言葉の選び方が不適切だとお互いの注意が建設的でないほうに向いてしまう。

　そのうちの一つで、多くの人がもっている癖について話そう。それは、議論に熱が入ってくると、文章のはじめに「しかし」「でも」「だけど」、英語だと「Ｂｕｔ」をつける癖である。じつは私もこれを時々する。自分はすまいと思っても、つい出てしまう。困ったことに、相手の言うことに賛成する文にまでつけてしまう。

「雨が降ると認識が難しくなります」

「しかし、あなたの方法ではどうしてうまくいくのですか」

　この、否定語から始める文は相手を不快にし、身構えさせる。それを打ち破ろうとして相手は必要以上にしつこく説明する。それに対してまた、

「でも、そういうアイデアは、なかなか世の中にはないじゃないですか」

　ほめようとしているのに、ますます泥沼にはまる。

　われわれ日本人が英語を話す時、文章を切り出すタイミングが要るので、そのために「Ｂｕｔ」を使う人がある。英語でのディスカッションで相手がひとこと言うたびに、相槌《あいづち》代わりに、相手の言うことと自分の言うこととの論理関係とは無関係に、すべての文章を「Ｂｕｔ」で始める日本の客員研究員がいた。私がそのことを指摘したら、彼はその次から、完全にピタッとやめた。私が今までで一番感心した人の一人である。すごい意志力と注意力の人だろう。

33. たとえと例は違う

有力で人気のある政治家はたとえ話がうまいという。それで、人を納得させる。確かに、技術的な話でも、人にわかりやすく説明する時に、適切なたとえを使うと有効な時がある。しかし、たとえは両刃《もろは》の剣《つるぎ》でもある。注意しないと、使うほうも、聞くほうも誤った理解に陥ることがある。

◉例はサンプル、たとえは説明の道具

例あるいは例題を考えることが重要であると何度も書いた。七は素数の例、立方体は多面体の例であり、リンゴの落ちる速度はニュートンの法則で解ける例題である。つまり、例（例題）はある一般的なものの性質を具現しているサンプルである。

一方、「たとえ」は「例」と似て非なるものである。「たとえ」はたとえられるものの性質を人に想像させ、納得させるために使われる説明の道具である。もちろん、「たとえ」とたとえられるものは、どこか似た性質をもっていると考えられるから有効なのではあるが。

一般に、「たとえ」はたとえられるものの善悪や価値を示唆するために使われる。だから、その価値観が定着しているものが使われることが多い。「あの政治家はヒトラーだ」「菩薩のような女性だ」と言われて、人が怒ったり喜んだりするのは、そのためである。

「たとえ」は問題解決の過程で、それなりの役に立つことがある。問題そのものや、解法を何かにたとえることで、元の世界での思考が進まない時に、たとえの世界で成り立つことが元の世界では成り立つのだろうかと、飛躍して考えることができるからである。

しかし、それはあくまでたとえであることに注意しなければならない。たとえの世界で成り立つことが、元の世界でも本当かどうかは元の世界の論理で証明する必要がある。

たとえを使って自分の考えを人に説明する時にこのことは特に重要である。たとえの世界での事実を使って、自分の考えの正しさを説得しようとするのは間違いである。

「人のように」と、人間をたとえに使った時にこの間違いをよく犯す。われわれはそういう論法に注意しなければならない。「人はすばらしい」という思い込みを利用しているからである。使ってはならないし、使われても惑《まど》わされないようにしよう。

◉ファジー理論は日本的？

ファジー理論というのがある。カリフォルニア大学バークレー校のL・ザデー教授が提唱した。ファジーというのは「あいまいな」「ぼんやりした」といった意味の言葉である。あいまいさのある情報を扱おうとする理論である。確率論との関係でその意義に関する論争は今でもあるものの、その実社会での有効性は証明されたといってよい。

ファジー理論は日本で特によく受け入れられた。しかし、その説得のために日本で使われた論法には問題がある。まず、

「『背が高いかどうか』という変数を考えましょう。コンピュータで使う二値論理だと、これを無理にどこかの閾値《いきち》、例えば一七五センチで切って、それ以上は高い（1）、それ以下は低い（0）と、無理に1と0に分けようとします」

と話を始める。

「ところが、われわれ人間は『背が高い』といった時には、そんな二者択一はしません。一九〇センチは完全に高い（1）、一四〇センチは完全に低い（0）が、その間は0と1の間をなだらかに推移する値になるでしょう。これをファジー論理値といいます」

「ここに現在のコンピュータが人間のような柔軟な判断ができない理由があります」

「『だから』、ファジー理論は人間のような柔軟な判断ができるのです」

と言って、つぎにファジー理論で使われる推論式を説明する。

コンピュータのハードウェアの基礎論理である二値論理値とファジー論理値を比べると、なんとなく後者のほうが人の判断をあらわしているようである。コンピュータはあまり柔軟ではなく、人は柔軟な判断ができるというのも、確かにそのとおりのようである。

しかし、そこから、ファジー理論は人間のような柔軟な判断ができると結論するのは早計である。それを言うためには、ファジー理論の推論式が人間の推論方法と「一般的に同じ」であることが示されなければならない。その肝心のステップが省略されているのだ。

第一、ファジー理論を使ったプログラムは、二値論理を使ったコンピュータで実現されているのだ。実際、最終的な結論として、「良、否」「合格、不合格」といった二者択一の決定をするならば、どんな論理を使おうが、その値の前後で二つの白黒の決定に分かれる閾値が必ず存在する。

ましてや、「西欧人は白黒をはっきりつける二値論理的思考で融通《ゆうずう》が利かない。日本人は何でもあいまいにする。だから、ファジー理論は日本的で柔軟」に至っては、パーティー用の話ではあっても、科学的には何の根拠もない話である。ファジー理論はそんな説明をしなくても、陽の関数では書きにくい関係を組み合わせて結果を得るための一つの計算道具として、有効なものである。

◉ものの命名はたとえである

われわれ研究者は、新しいアルゴリズムや方法、システムを開発した時には、その意図する機能や特徴を思い浮かべやすい名前をつける。ファジー理論の例でわかるように、そういう名前は基本的には、たとえである。

その自分でつけた名前の暗示（含意）する意味を使って、アルゴリズムや方法、システムの働きを説明したり、有効性を説得しようとするのは自己撞着《どうちゃく》である。そんなバカなと思うかもしれないが、これが結構ある。人工知能系の研究に多い。

「このプランニングシステムでは、相反する要求があったとき、妥協追求モジュールがこれを解決するので、双方をそれなりに満たす結果がえられます」

といった例がある。さらに、日常では、結婚相手紹介の会社が、

「わが社では、最適相性合わせアルゴリズムを使っているので、あなたの伴侶《はんりょ》にぴったりな人をお探しします」

というのはその典型である。これらは「妥協追求モジュール」「最適相性合わせアルゴリズム」なるものの定義、あるいは、そうあってほしいという希望であって、有効性の理由ではない。それらの中身がその名前に見合うことをするかどうかが、たとえの世界の言葉と思考を一切使わず説明されなければならない。最近では、遺伝的アルゴリズムなどがDNA遺伝子の言葉を使って説明されるので、進化の適者生存、適性保存と結びつけて宣伝される。しかし、それは、たとえ以上の何ものでもない。そんなことをしなくても、遺伝的アルゴリズムはランダムアルゴリズムの一形態として、有効なものである。

誤った説明はひいきの引き倒しとなる。

34. 英会話は、「外国人にしてはうまいな」と思われるぐらいがちょうどよい

英語はわれわれにとっては外国語であるから、相手に外国人であることがわからないぐらいに英会話がうまくなる必要はない。英語そのものを職業としようとする人以外、「外国人にしてはペラペラだな」というぐらいの力を養うことを上達の到着点にするのが一番いいのだ。ただ、本当の実力がその印象に見合うところにある必要がある。

◉上達するほど役に立つとは限らない

次頁の図は、「金出理論」による英会話の上達度とその役立ち度の関係を表している。横軸は上手さ加減、縦軸は役立ち加減の座標軸である。普通に考えると上手なほど役に立つから、グラフは単調に四五度の右あがりの直線になるかと思われるが、私に言わせると違う。役立ち方は最初に山があって、次の谷を越えてから単調に増加する。

最初は四五度より高くなる。つまり、自分の実力以上に役に立つのだ。それは相手から、かわいいと思われるからである。

外国人に「アナタハ、ワタシ、ニホンゴ、スキヤキ、ウマイ」などと、たどたどしい日本語でしゃべられると微笑《ほほえ》ましく思うものである。そこで、あなたも外国人にわかるようにゆっくりと話してあげる。

そんな時は、「アナタ、バカデスカ」と言われても、腹は立たないものだ。つまり、はじめのAの段階では、相手の言うこともわかりやすいし、何かまずいことを言っても間違いと許されるわけである。

そうして、だんだんと上手になるに従っていろいろなコミュニケーションができるようになってくる。しかし、では、山をちょっと越えるぐらいにまで英会話の力が上達すると、相手の反応はどうなるか?

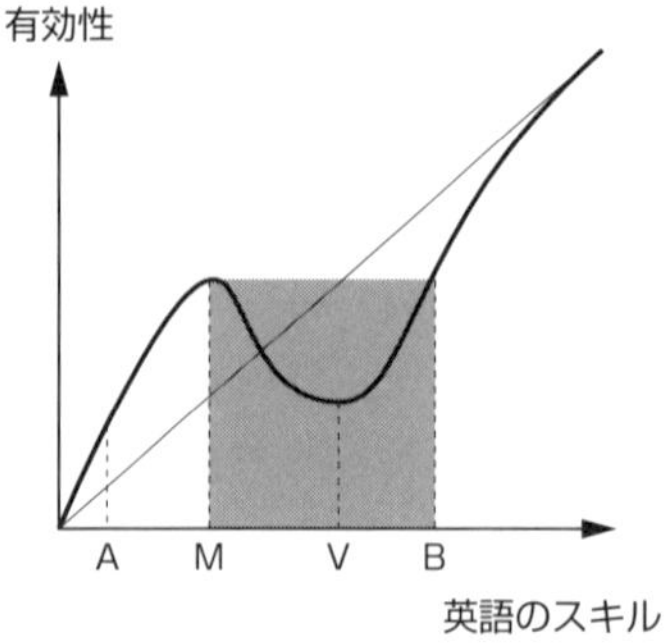

「こいつ、かなりできるな」というぐらいの英語力になると、相手は「わかっているのじゃないか」と思うから、普通のスピードでしゃべり始める。難しい言葉も遠慮なく使い始める。そうなると、こちらはそこまでは上手でないので、うまく聞き取ることができない。

相手は、「あれ、今言ったはずなのに、理解していないなあ」と思う。結構しゃべれるようにも見えるので、むかつくことを言われたりすると、「こいつ、本気で言っているんじゃないか」

と腹を立ててしまう。危険な谷に向かっている。MからVの間は上手になればなるほど、実は効果がマイナスなのだ。

学会などでアメリカにやって来る人たちの英会話は、最初の山を越えるか越えないかというぐらいの人が多い。しかし、中には、もっと上手であるがちょうど谷の底の位置にいっている人がいる。実を言うと、そういう人が一番危険で、横で聞いているとハラハラしてしまう。そういう人は、英語をしゃべることに自信をもっている。確かに、ほとんどの単語は正しく使われているし、難しいことも言う。聞いているアメリカ人からすると、とてもうまく聞こえるのである。ところが、そういう人にかぎって、相手に物凄《ものすご》く失礼なことを言ってしまうのだ。アメリカ人同士の会話だったら、相手が完全に腹を立てるような言い方、単語やトーンを使ってしまうのである。本人はその言い方にそういう意味があることを知らないから、ひょいっと口にしてしまう。

◉私の英会話失敗談

私は学生のころから英語はよく勉強していたので、最初にアメリカに行ったころは、図で言うと山をすぎていたと思う。アメリカ人から「英語が上手だね」と言われて得意になっていた。しかし、今思うと恥じ入るばかりである。というのも、「上手だ」と言われるのは、本当には上手でないということだからだ。もし私がアメリカ人と同等の英語力だったら、彼らは「上手だ」などとは言わないはずである。

今でも思い出すと冷や汗が出てしまう失敗談がある。

一九七六年、ＭＩＴの研究所を訪問した。アメリカではどこでもそうであるが、ホストはいろいろな人に会うスケジュールを作ってくれて、訪問者である私はそれにしたがって順番に部屋を回り、人と会う。その日も、九時からはA研究員、十時からはB教授と予定がびっしりで、夕方、最後に会って話をする予定になっていたのがF教授であった。F教授の部屋を訪ねた時、「あなたが今日私が会いたいと思った人の最後だ」と言おうと思ったのである。

だいたい、日本語でそう思ったというのが、そもそも私の英語が本当は下手な証拠である。例によってこれを瞬時に訳して、
You are the last person that I wanted to meet with today.

と言った。途端に、それまでにこにこしていたF教授が、眉《まゆ》をピクッとさせた。その瞬間、私も「しまった」と思ったが、あとの祭りであった。

実は、私が言ったこの文章は「今日、私が一番会いたくなかった人があなたである」という意味なのである。「last」というのはこの場合「順番の最後」というのではなく、そこから転じて、「一番そうでない」という意味なのである。私はこのことを知っていたが、その知識を会話で使いこなすほどはうまくなかったのだ。

もし、その時私の英語が「アナタハ・イチバン・サイゴノ・アイターイ・ヒト」と聞こえた

のであれば、F教授も私の英語力を微笑ましく思い、腹を立てたりはしなかっただろう。言い訳するタイミングも見いだせずに、なんとなく気詰まりな空気のままで訪問は終わってしまったのであった。

◉二十年住んでも、言葉の壁は大きい――最適な英会話の習熟レベル

私は今となっては、二十年もアメリカでやってきたから、仕事で本当に細かな話になってもコミュニケーションを図ることはできる。真面目な本なら、日本語でも英語でも読むスピードはほとんど変わらない。そういう意味では、アメリカで生活していて英語で苦労することはまったくないと言ってもいいであろう。

しかし、アメリカ人とまったく同じように英語をあやつれるかというとそうではない。日本に行き来する飛行機の中で英語の映画をよく観るのだが、全部はわからない。研究所の所長として有名人を迎えたり、イベントで挨拶する時など、もっとすっきりしたことがなぜ言えないかといらいらするし、自分の言っている言葉がその場の雰囲気とぴったりなのか不安である。

そして何よりも、生命にかかわるような危機に遭遇した時に、間髪を入れずに気持ちを的確、適切に人に伝えることができるかと考えると極めて怪しい。言葉の壁は大きいというのが実感である。

私の考えでは、日本人としての実用的英会話の習熟レベルは、図でいえば、谷を越えて最初

の山と同じ高さの位置、つまりBの位置ぐらいのところがコミュニケーションをする会話力として最適かと思われる。

アメリカにいる外国出身者には、ものすごいアクセントでわかりにくい英語をしゃべる人がいる。中国人やスペイン人などに多い。ところが彼らは実戦からきているから本当によくわかっている。つまり、Mの印象を与えるがBを越えている。ところが、日本人はちゃんと習った人が多いので比較的正しくしゃべる。だから、印象はBだが、実力はMやVの人が多い。

Bの点にまで到達するのは実はなかなか大変であるが、それ以上を目指すのはムダである。その時間があったら、自分の分野の本を読んだほうが合理的である。

35. 実戦！ 英会話上達の秘訣
——早口で、大きな声でしゃべり、頭を空にして聞け

実戦での英会話は、英会話学校での英会話とは、いくつかの違いがある。まず、話す速度が速い。静かな所で、自分に向かって言っているとは限らない。必ずしも、正しい文章を言うとは限らない。計算など考えなければならないことが間に入る。私の実戦テクニックを二、三紹介しよう。

◉どんな言語も、速くしゃべるようにできている

英語にかぎらず外国語の発音の上達には秘訣がある。早口で、大きな声でしゃべる練習をすることである。

しゃべるということは、相手に自分の意思や感情、考えを伝達することを目的とする。そのためには、速くコミュニケーションするというのが重要だから、どんな言語でも、速くしゃべるようにつくられているのである。例えば、日本語でも、「に・ほ・ん・ご・で・は」と、音を区切って言う日本人はいない。「にほんごでは」と、速く言う。つまり、速く言えば言うほど自

然になる。

英会話上達の一番の要諦《ようてい》は、できるだけ早口でしゃべる練習を日頃からすることである。ただ、ここで大切なことは、大きな声で発音することである。自国語は、生まれた時から長い間しゃべっているので、速くしゃべっても崩れない。しかし、外国語は速くしゃべろうとすると、正しく発音できなくなってしまう。口を大きく広げて、大きな声でしゃべると、ごまかすことができないので正しい方向に向かう。例えば、英語があまりできない人が、アメリカ旅行で道に迷った時などには、片言の英語でも大きな声で必死にしゃべると、意外に相手に意思が伝わるという。

結局、ひたすら大きな声で、速くしゃべる練習をすると、自然と英語らしく聞こえるようになるのである。

◉金出式英語上達法——箒で畳を掃きながら英語を聞く

では、ヒアリングの練習は、どうしたらいいか？　私は、頭を空《くう》にして聞く練習をしろと勧めている。

英語で人としゃべったり、ラジオを聞いたりする時には、一語も聞き漏《も》らすまいと神経を集中して聞いている人が多い。そういう人は頭の中で何をしているかというと、聞く先から日本語に訳しているのだ。だから、知らない単語が一つでも出てくると、そこにつまずいてもうアウトになってしまう経験のある方が多いだろう。「あっ、あれ、何だったかな?」と思っているうちに、文章が次に行ってしまうからだ。

聞く先から日本語に訳すためには、頭を猛烈に働かせる必要がある。まず、外国語の音を聞き、それを単語に直す。瞬時に英和辞典をひく。そして、英文法まで考えるのだから、ものすごいことを頭の中でやっているのである。それも相手が言うスピードでやろうとするわけだから、頭はフル回転しなければならない。特に日本語——英語の場合は、動詞の位置が文のはじめか終わりかなど構文が違うから、センテンスごとにプレイバックしなければならない。脳がオーバーヒートを起こしてしまうのは当然である。

では、どんな練習をしたらいいか? 訳すという高級な能力が働かないようにすればよい。頭脳の活動のレベルを下げて英語を聞く練習をすることである。例えば、「book」という言葉が聞こえた時に途端に「本」、「publication」と言われたら「出版」とか、そういう日本語の単語がすぐに出てこないようにする。「publication」と聞こえてはいるけれど「日本語ではどういう単語だったかな?」とかいうようなことは考えないようにする練習をするのである。

別の言葉で言うと、英語が「わかったような気になる」レベルに頭の活動を下げるのである。しかし、これはけっこう難しい。というのは、レベルを下げすぎると何を言っているのかまったくわからなくなるし、もう音としてしか聞こえなくなってしまう。

一方、レベルを上げすぎると訳し始めてしまう。すごくしんどいのだが、練習を重ねているとだんだん慣れてきて、「何となく言っていることがわかる」という状態になる。

別の言い方をすれば、そこそこに飛ばす練習である。「しまった、あの単語を聞き逃した」というように思わないようにするのである。そのためには、ある程度内容が理解できているテープなどを繰り返し聞くようにするのが上達のポイントである。

私は学生のころ、テープに入れた英語を繰り返し聞いて、ヒヤリングの練習をしたものである。その時には、神経を集中して聞いてはダメなので、部屋の掃除をしながら聞いた。当時は、貧乏学生だったので電気掃除機などもっていなかった。箒《ほうき》で畳を掃きながら聞くと、箒がシャッ、シャッと畳をこする音がして邪魔なのだが、だんだんと邪魔になりながらも何となく言っていることがわかるようになったものである。で「金出式英語上達法」として箒を売り出したら儲《もう》かるかも、と言っている。

電車のなかでテープを聞いている人をよく見かけるが、周りがうるさいといらいらしたり、ボリュームをいっぱいにあげて一生懸命に聞くというのでは効果は少ない。頭を空にし、何となくわかるレベルで聞くようにするとよい。

◉絵で計算する

私の場合、アメリカに来て、研究や議論の中で一番困ったのは会話における数字と計算である。

「アメリカには二億人の市民がいる。このうち四〇パーセント、つまり、八〇〇〇万人が、二〇〇〇ドルのコンピュータを買うとすると……」

私を呼んでくれたレディ教授はそういう数字を使った議論が好きであった。

私の場合、前述の金出式英語上達法によって、普通の単語は訳さない訓練ができていた。数字の時の問題は、計算は日本語でしようとすることである。だから、数字は訳さねばならない。承知のとおり、英語は三桁ずつ、日本語は四桁ずつ単位が変わるので、大きな数はなおさら難しい。「ツー・ハンドレッド・ミリオン（二〇〇ミリオン）」と聞いて、二〇〇×百万で、二億。その四〇パーセントは八〇〇〇万、それは一〇〇〇万が八〇だから、英語では「エイティ・ミリオン」。つまり、英語→日本語、日本語で計算、日本語→英語とやっているのだから、追いつくはずがない。会話はずっと先に行っている。ついていくのが大変で、彼の言っている計算があっているのかよくわからず、「もし、三〇パーセントなら」といった対案を出すにも、さっさと言えないからお手上げの状態であった。

そこで私の考えた対策は絵で計算することであった。「二〇〇ミリオン」と聞くと、訳さないで、「2」「0」「0」「，（コンマ）」という字の並びの絵を頭にさっと浮かべる。四〇パーセントと聞くと、パーセントだから「，」を左に二つ動かして「2」「，」。その下に「4」「0」の並びを浮かべる。それらを掛けて「8」「0」「，」。その結果を読んで「エイティ・ミリオン」となる。

ここで大事なことは、この説明は言葉を使ってしたが、一切言葉を使わず、四則演算も含めて、絵だけでするようにすることである。

この絵で計算することができるようになってから、私も、レディ教授のような話が英語で聞けるし、話せるようになった。

36.
論文や人を説得する書き物は推理小説と同じである

論文を書く時に最も大事なことは、一つの論文には全体として言いたいことが一つだけというように書くことである。「この論文で言いたいことは？」と聞かれて、「実は、この論文では言いたいことがいっぱいある」という気がした時は危険なサインである。

たいていの場合、それは言うべき価値のあることがいっぱいあるのではなく、研究の本当の価値を――あるとしての話だが――本人自身がよくわかっていない場合である。

◉一〇〇の学術論文のうちで最も読まれたのは？

こんなクイズがある。「発表された学術論文のうちで、何人の人に読まれたのが最も多いか？」。驚くべきことに、一人だけに読まれたという論文が断然多いそうだ。

しかも、その一人は著者だという説もある。次に多いのは、二人だけに読まれた論文、三人だけに読まれた論文、という順になるそうだ。研究者には笑い話にもならない。

もちろん、中には、何万人という人が読んでいる論文もあり、その分野の人はまずすべてが読んでいるという優れた論文もある。しかし、そういう論文は確率的には○・○○○……しかないのだ。

では、優れた論文とはどういうものか？

もちろん、画期的なアイデア、素晴らしい結果を含むものということがいえるが、もっと一般的に言うと、その論文にメッセージがあるかどうかである。「なるほど、そういうふうに考えるのか」と読む人をうならせる論文は素晴らしいということである。

いくらアイデアや結果として素晴らしい内容があったとしても、それを相手に伝えるストーリーがつくれないと、読んではもらえない。論文もシナリオがなければ、論文とはいえないのだ。

◉論文にも、はらはら、ドキドキが大切である

実際に、論文はどのように書いたらよいのか。私は、

「論文と推理小説は同じである」

と学生にいいきかせている。

推理小説は、殺人事件があって、それを探偵が解明していく。読者にはそのプロセスが面白いのである。研究論文も事件、つまり研究課題があって、それを著者が解いていくというプロセスを提供するものだ。推理小説と研究論文は同じ考えで成り立っている。

推理小説には、次の四つのSがあると私は考える。
①サスペンス――「どうなるかな」とはらはらさせる。
②サプライズ――「まさか」「あ、そうか」という驚きがないと面白くない。
③サティスファクション（満足感）――読み終わった時に、「解決してよかった」と読者に満足感を味わわせねばならない。
④シェアリング（共有）――読んでいる読者自身が探偵に感情移入し、「これはどうしてなのだろう？　犯人はあいつだろうか、こいつだろうか」と、問題解決の当事者になって興味を共有する感覚。
この四つの条件を満足させるものが、よくできた小説であり論文なのである。

◉一つの論文には、一つのことを書け

「論文のタイトルと目次を見たら、うまくできているかどうかわかる」

そう私は、学生によく言っている。

タイトルに、それを見ただけで、その論文の言いたいことが一〇〇パーセント出ているのは、たいした論文である。

タイトルをつけるにはその論文で言いたいことは何か、全部書き出してみるとよい。「自動運転における」「カラー画像を」「顔を認識する」というように、問題や目標の範囲を限る言葉、

「因子分解法による」「レーザーを用いた」というように、方法を指定する単語、「一秒間に一〇〇回できる」「暗くても見える」とかというように、結果や能力の特徴を記述する語句などがある。これらを書き出して、自分の最も言いたいことは何かをよく考えながら、それを伝えるために必要な最小限の言葉を選び、全体として並びのよい一つのタイトルにする。

日本人は、新奇の（ノベル）、柔軟な（フレキシブル）、適応できる（アダプティブ）、頑健な（ロバスト）などという形容詞が好きで入れたがるが、ほとんどの場合、何の意味ももたず、弱々しい印象を与えるだけである。例えば、「柔軟性のある音声マン・マシン・インターフェイスの方法」と言っても、読む人にはどういう意味かわからないだろう。「柔軟性」が本当にあって、それが言いたいのなら、「いい直しを許す」「訓練の不要な」などの具体的な言葉でつくることが大切である。

次に、章立ての構成では論文の言わんとする筋がわかるようになっていることがポイントである。章の目次だけを人に見せて、内容が想像できるかを聞いてみたり、自問自答してみるとよい。そこまでできたら、各章内の段落ごとに最初の文章だけ（時には最後の文章も）を拾い読みしてみる。その論文の言っていることがわかるようであれば、それは非常によくできた論文ということになろう。

論文を書く際に最も重要なことは「一ユニットには一トピック」という原則である。まず、一つの文章では一つの内容しか言わないことである。例えば、「AはBである」「Aは何々をする」といった一つのことしか絶対に言わないようにするのである。日本人は、「though……（だけれども）」「while……（一方何々であるが）」といった表現が好きだが、やめたほうがよい。

例えば、「今まではこういう方法でやられてきたが、これには問題があり、……」と言う時には、実は三つのことを言いたいのだ。

①過去には、こういう方法でやられてきた。

②しかし、それにはこういう問題点がある。

③そこで、私はこういうアイデアを考えた。

これらは三つにはっきり分けることが大切である。

一つの段落も一つの論点の記述にかぎる。「今までの方法には、こういう問題点がある」と最初に書いたら、そのパラグラフには問題点しか書かない。それを直す方法とかは書かないようにする。もちろん、次に言うはずの直す方法は自然と示唆されるようにする。

例えば、「過去の方法は順序的な方法なので、こういう問題がある」と、「順序的」という単語を挟《はさ》んでおくと、あとで「並列化による」と言う時などに効果を発揮するだろう。この時、順序―並列と対立する別の言葉を使うように先々のプランを立てておかなければならない。「過去の方法は順序的な方法であるが、私の方法は非順序的である」では、言いたいことはわかるが、味も素っ気もなく、効果はない。

章も同じように、一つのトピックだけを扱う。

そして、全体として論文のタイトルで使われた語句、すなわち本当に言いたいことがきちっと説明できているかをチェックする。タイトルで「暗くても見える」と言ったなら、どういう方法でどんな暗さに対してまで有効かが書かれているか確認する。望ましくはないが、どうしても「柔軟な」といった形容詞を使ったのなら、その具体的意味とその実現方法、有効性が具体的に述べられていなければならない。

「この論文で、言いたいことはこれです」と一つしか言えないように構成する。

そしてそういう研究をすることがそもそも肝要なのである。

37.「起承転結」のコンビネーション（1）

では、具体的にどのように書けばいいのか？　どんな書き物にも「起承転結」がある。論文にも当然のことながら、この四つが構成要件として必要である。あらかじめ注意しておくが、これらは「構成要件」であり、必ずしも順序ではない。

◉「起」――読者の好奇心を引き出せ！

普通の推理小説では、まず殺人事件が起こる。研究論文で殺人事件に相当するのは解明すべき研究課題である。「こういう研究をしたい」「こういう問題を解いていこう、結果が出れば面白いよ」ということなどをこの「起」《おこし》で提示するのである。

ここで最も重要なことは、読む人の好奇心を誘うことだ。推理小説でも「なんでこんなおかしなことが起きたのかなあ」と思う好奇心をそそられるような事件でなければ、読者は先を読む気持ちにはならないだろう。もちろん逆手にとって、平凡な事件から意外な展開にという小説もあるが、その場合も、「意外な展開」がなんとなく示唆されているものだ。つまり、「面白そうだ」というのがキーになるのだ。

論文でも、導入部で読者の好奇心を引き起こさなければいけない。「この論文を読めば何かいいことがありそうだ」と思わせることが重要である。それは「有益」であるということであろう。その研究が、知的であれ、経済的であれ、社会的であれ、何かに役立つことをなんらかの方法で読者に伝えることがポイントである。

◉「承」――仮定をうまく設定しろ！

背景が描写される。ここでのキーは「仮定」「設定」「罠にかける」である。

推理小説の場合は、主人公の性格や性癖、行動パターンなど、暗い性格であるとか、左利きだとかいろいろの「設定」が描かれる。こういう性格の人は、「きっと、こうするのではないか」という暗黙の仮定が読者とのあいだに作られる。古い屋敷があって、大きな部屋があって、……という舞台設定で、この話はこう展開していくのではないかと読者に伝わり、期待を抱かせるのである。その期待にどう応えるかで話が面白くなっていく。

これは研究論文でいえば「仮定」である。研究課題をどう設定するかだ。どの部分に問題を限るか、どういう仮定をおいて問題を解こうとしているかである。

「罠にかける」というのは、作者の読者への挑戦である。こういう主人公がいて、こういうことがあると、きっとこうなるだろうと思わせておいてから、「実はこう」という作者の仕掛けがあると読者は魅了される。しかし、伏線なしの、唐突な仕掛けは興ざめである。

「どうして同一人物が同時に東京と大阪にいたのだろう」と思っていると、実は一卵性双生児だったという。双生児がいるなら先に言えと思う。また、逆の場合もある。下手な小説に多いのだが、周りの人たちはこうで……などといろいろ書いてあるが、実は話の筋にまったく無関係というのもいただけない。

論文でもまさに同じである。下手な設定は最初からつまらない結論を予想させる。仮定がうまく設定されていなければ、後でわざとらしさが残る。そして、論文の主旨に関係のないほかの方法との比較や背景の記述は読者を混乱させる。言わないことが肝要である。

ミステリーの罠というのは、論文で言えばフレームアップ、まさに陰謀である。自分の考えが普通のものと違い、新しい考えでいかに優れているかを言うためには、「この研究では、この点が難しい。普通はこう考えるでしょう」という対照を最初に十分言っておく必要がある。でないと、「どこにキーのアイデアがあり、なぜ新しいのか」がわからない。

◉「転」――解を導いたキーアイデアを少しずつ出せ！

推理小説では、探偵がだんだんと事件の核心に迫っていく。その核心は、嫉妬のためとか、お金のためという、殺人の動機である。殺人の動機が解けた瞬間に、読者は「そうだったのか」とはじめて納得するのである。

殺人の動機は、論文でいうと研究のキーアイデアである。つまり、研究課題という事件の解である「こういうことができた」という結果を導いたキーアイデアをうまく読者にわからせるということが、最も大切なのだ。そのためには、キーアイデアが何かを少しずつ出していき、それがどう効いてどう結果を生み出したかをだんだんとわからせるというのがいい。

推理小説のよいプロット（筋立て）は、次に何が起こるかがわからないがわかるような気がする、そして、起こったことは驚きではあるが十分にあり得ると信じられる、という相反する二つのバランスがうまくとれている。

論文のプロットもまさに同じで、しっかり作らなければならない。話があっちにいったり、こっちにいったりでは、読者の頭を混乱させるだけである。話の順序が信じられる程度のスピードで進むと同時に、話の展開がある程度は読めるが完全にはわからないようになっていることが大切である。

最初から最後まで、「どうなるのかな、どうなるのかな……」と期待させる作品は、小説でも、論文でも、まさに名作である。

38. 「起承転結」のコンビネーション（2）

「起承転結」までくると、残りは「結」である。推理小説のクライマックスである。探偵と真犯人が対決し、探偵の決定的なアリバイ崩しが出て、犯人がうなだれて白状する場面である。クライマックスが来ないうちに犯人が白状してしまうのは、できの悪い小説である。

論文におけるクライマックスとは、何か？

◉「結」——一番重要な研究結果を一発で出せ！

論文の一番重要な研究結果を出す部分である。

「こうですよ。こんないい結果、あなたできますか？」という感じで、バーンとだす。チョロチョロ出してはいけない。一発でだすからこそ読者に、強烈なインパクトを与えられるのだ。それがクライマックスである。当然ながら、その結果がなぜ、どれだけ良いのかの理由や比較を示す必要がある。

「結」のあとも重要だ。よい小説では、読者に「ああ、よかったな、解決して」という気持ちとともに、「このあと、主人公はどうなるのだろう」と思わせてくれる。論文でも、読み終わって、「では、こういう場合はどうなるのだろう」「ああいう場合にあてはめてみたいな」と思わせる論文は、そのことについて読者にもっと研究してみようという気持ちを起こさせる素晴らしい論文である。

論文の最後に、「今後の研究課題一、二、三」というように書けというのではない。推理小説でも、「この未亡人は、その後こうなりました」と書くのは蛇足である。直接には書かないで、そう思わせるのだ。

話の筋は一般に、「起」から始まって承→転→結と展開するが、必ずしもその順序に書く必要はない。特に「承」と「転」では行ったり来たりしたほうがいい。論文でも、順序よく、仮定一、二、三、……、定義一、二、三、……、命題一、二、三、……などと書いてあると、読者はそれらをとても覚え切れるものではない。後で「こんな仮定があっただろうか」と思うと、だまされたような気になる。だから、大事なところは、その時々に出すのが肝要である。わざとらしいと思うなら、少し前に出せばいいのだ。

つまり、筋のたて方には一定の順序があるが、要は、起承転結のコンビネーションがうまくできていればいいのである。

もちろん、結果を最初に出すという方法もある。テレビの『刑事コロンボ』では、最初に犯人が誰か、どういう方法で殺したかを提示して、コロンボと視聴者が一緒になって犯人を追い詰めていく。その過程で、「なぜ殺人を犯したか」という隠された動機が明らかになる。論文でいえば、結果をポンと出し、その結果を導き出したキーアイデアが「実は、こういうものであった」ということを順序だてて示していくという方法である。

◉書き物の優劣は言葉でない、構想力と構成力だ

もうすでに気づいておられると思うが、論文、書き物の優劣は言葉ではない。研究内容とともに、それを決めるのはおもに構想力と構成力である。構想力は「何がどうしてどうなって」というストーリーを作る力であり、構成力はその構想にしたがって、一貫した記述、用語、スタイル、図表をつくり、配置する力である。これらがしっかりしていれば、言葉は自然とついてくる。構想力について述べてきたので、一言だけ構成力について述べる。

構成力を支えるのが言葉であり、言葉づかいのテクニックである。それだとて、言葉づかいというより、「読者に親切であろう」、つまり、余分なことを考えなくて済むようにしてあげようとするという気持ちが基本である。読者が見たり、読んだ瞬間にどう思うかを考え、それが自分の言いたいことと一致するようにすれば自然と読みやすくなる。そんな二、三の例を挙げよう。

大文字／小文字、太字／細字、添字、x、y、p、r、ギリシャ文字など記号のわりあてでは、なんとなく、その意味合いや従属関係がわかるようにする。「ある学校にはX人の児童がおり、各人の身長をW_A　A＝1、2、……　とする」は親切でない。N人と、h_kのほうがわか

りやすいのは明白である。

論文の中では同じ単語を違う意味で使うことを避ける。どんな簡単な言葉でも、である。例えば、画像の濃淡値は普通 intensity である。しかし、心理学の顔の表情解析では、同じ intensity が、ある表情の強さを意味する。だから、画像を使って顔の表情解析をする論文では、画像の濃淡値は brightness とか、grey level とするのが、無益な混乱を避けて親切というものだ。

また、図では「意図しない規則性を避ける」という大原則がある。「二本の線が交わっているとしよう」という時は、水平でも垂直でもない線が直角以外の角度で交わっている図でなければならない。同様に、平行、正三角形、同じ大きさのものが並ぶ、三本の線が一点で交わるといった、規則的な性質は、本当にそういう場合を示したい時以外は、どこにもないようにする。人は規則的な性質を見ると、描いた人の意図として受け取ろうとする。

◉日本人がアメリカ人に英語のレッスン?

実はアメリカの大学院では、これまでに述べたような論文の書き方、発表の仕方といったことを相当教える。学位取得のため、その習得ができたという認定が必須ともなっている。私も学生が書いてきた論文やスライドを添削したり、発表練習を聞いてコメントしたりして訓練する。徹底的に。

書き物や話の優劣は言葉ではきまらないといったように、アメリカ人でも下手なのがいっぱいいる。だから、私よりはるかにりっぱな英語をしゃべるアメリカ人の学生の書いてきた論文を、技術内容だけでなく、その英語の文章を、日本人である私が大きな顔をして、「この言い回しはだめだ。この単語を使ってこう直せ」などと手直しをするという変なことをやっている。

そんななかで、アメリカ人も「お前にいわれて初めてわかった」という一般的コツで、日本人の英語では特に注意すべきことを一つ紹介しよう。

それは、文章を、「Moreover」「Therefore」「Furthermore」「Also」「Now」といった副詞、「In addition」「As a result」「For the purpose of」といった副詞句、「When……」「Because……」「Although……」「While……」といった副詞節で始めるくせである。アメリカ人にもいるが、英語を母国語としない人、特に日本人に強いくせである。

読者は一度試していただきたい。自分か同僚の日本人の書いた英語で、各文を見て、「The main strength of this algorithm comes from……」というふうに、その文の主語となっている句から始まっている文にはプラス一点、そうでなくて前述のような副詞、副詞句、副詞節で始まっている文にはマイナス一点をつける。三〇ほどの文でスコアをつける。多分全体としてかなりマイナス、ひどい時にはマイナス二〇点以上（つまりほとんどが、主語で始まらない文）になっているだろう。

前出の教科書の名手ニルソン教授の書いた本の前書きでやってみると、プラス一〇点であった。ニューヨーク・タイムズ・マガジンといった立派な読み物でも同様である。

実は、主語で始まる文には力があり、副詞などで始まる文は弱々しい。考えてみよう。キング牧師の有名な文章「I have a dream」が、もし「Therefore, I have a dream」だったら、いかに味もインパクトもない文章か。

われわれ日本人にこのくせがあるのは、日本語ではそういうつなぎ言葉を多用するのと、それがないと、論理の流れがわからないのではと、不安になるからであろうか。ところが、とってしまっても意外とわかるし、すっきりする。逆にそうなるように論旨を構成すべきなのである。そして、本当にそう強調したい時だけ、つなぎを使う。ぜひ、試していただきたい。

39.
プロポーザルは論文プラス資金の要求だ——相手が上司に説明しやすく書く

研究資金のプロポーザルの書き方の要件は研究論文とほとんど同じである。提案されている研究はユニークで価値のあるものでなければならない。ただ、プロポーザルが論文と根本的に違うところは「その研究をするための資金を出せ、しかも自分に出せ」と要求しているところにある。

◉大学院生の学費、生活費も研究費で賄う

アメリカの大学ではその研究活動の運営原理は、よくも悪くも弱肉強食という競争原理に基づいている。

日本の大学の講座費にあたるものは普通はない。研究費はほぼ一〇〇パーセント、政府や企業などからの外部資金として自分の手で調達しなければならない。われわれのロボット研究所の年間予算三〇億円の研究費は、各教授が得てきた、こういう外部資金でまかなわれている。手をこまねいていては資金は出してもらえない。研究のプロポーザル（提案書）を書いて、

国などの研究資金補助機関に提出して資金を出してもらうのだ。

アメリカの理工系の大学院生は、日本と違って学費と生活費を自分で出して学ぶのではない。教授が研究資金の中から研究助手としての費用を捻出《ねんしゅつ》してやるのである。教授自身の給料も授業をする九カ月分は大学から、夏の三カ月はどこかに行くか研究費から出すというのが基本である。さらに高いレベルの研究を主とする大学では、その九カ月のうちですら三カ月分ぐらいは、自分でなんとかしろというところが多い。

それができない教授は給料はもらえても、学生はいない、研究はできない。極端な場合は秘書はいない、コピーや電話もできない……ということになってしまう。

だからプロポーザルを上手に書くことは、アメリカの学者にとってまさに「命綱」である。中には「役人は頭が悪いから俺の研究の重要性がわからないのだ。相手にしてもしょうがない」と言う人もいるが、痩《や》せ我慢というものだ。特別な分野や場合をのぞいて、科学や工学のアイデアを実現するためには、お金が必要である。

◉Money Yielding Brave Samurai?

米国の有力な研究資金補助機関としては、国防関係のＤＡＲＰＡ、科学技術全般のＮＳＦ、生理医学関係のＮＩＨがよく知られている。研究資金の獲得には、人脈があることも大切だが、基本的には公開のコンペでのプロポーザルで決められる。日本と違ってアメリカではプロポーザルがシステム化している。ほかのプロポーザルとの競争に勝って採択されなければならないのだ。

私自身についていえば、二十年間で、およそ五〇億円ぐらいは外部から調達してきた。だから、私はプロポーザルを書くのがうまいとされている。

ロボット研究の最大のスポンサーは国防総省である。アメリカという国は不思議な国だと思う。私のように外国から来たアメリカ国籍もとっていない人間に、科学技術の政府機関はもちろん、国防総省の機関もが資金を出して研究させる。アメリカの強みであり、懐《ふところ》の深さであろう。日本ではとても考えられないことでもある。

いつか、

「おまえの『カナデタケオ（金出武雄）』という名前には意味があるのか」

と訊く人があったので、

「漢字にはそれぞれ意味があって、まあ言うと、『カナ』はマネーとかゴールド、『デ』はギブアウト（出す）、『タケ』はウォリアー（兵士）、『オ』はブレーブ（勇敢）とか、マン（男）かな」

と言うと、

「なるほど、つまりMoney Yielding Brave Samurai（金を生み出す勇敢なサムライ）という意味だな。研究資金を取るのがうまいはずだ」

◉アメリカの大学での研究は「研究起業」である

研究提案コンペで勝つためには、誰もが、より魅力的で、競争に勝てるユニークでオリジナルな研究を目指そうとする。そのため、戦略として、

①新分野の研究。
②境界領域の研究。
③ニッチプレー（狭い範囲でも自分のところだけでしかできない）研究。

の三つが、自然に幅をきかせることになる。

プロポーザルの書き方の要件は論文とほとんど同じである。研究はユニークで価値のあるものでなければならない。もうできたものか、これからのものかの差はあっても結果はよく（なりそうで）なければならない。

ただ、プロポーザルが論文と根本的に違うところがある。それは「その研究をするための資金を出せ、しかも自分に出せ」と要求しているところである。

だから、「なぜその研究なのか」については論文以上に、広い意味で役に立つというストーリーをシャープに述べなければならない。「なぜ、俺に」については、自分の過去の実績がふさわしく、計画が人のものより成功確率が高いことを納得させなければならない。

相手を説得するためのプロポーザルを書く最大の秘訣は簡単と言えば簡単である。

上手なプロポーザルというのは、そのプロポーザルを読んだ人がわかるだけのプロポーザルではない。それを読んだ人が、その上司やボスや選定委員会に説明しやすく書かれていなければならない。

われわれがプロポーザルを書く相手は、プロポーザルをほかの所からもたくさん受け付けている。例えば、エネルギー省のプログラムマネージャーが読んで、「タケオ・カナデからの案は非常にいいから、研究資金を出すようにしよう」と思っても、彼は最終的にハンコを押す権限がない。そこで彼は、権限があるボスや上司に「これは素晴らしい研究だから、お金を出そうと思う」と言わなければいけない。

その時、プロポーザルが、ボスに簡単に説明できるように作成されていれば、彼は楽だから、そのまま言うことができる。しかし、マネージャー自身が理解できないし、説明もできないプロポーザルは、その上司に説明する時に迫力がでないから却下される。

会社でも、提案書や企画書を書く場合には、直属の上司だけでなく、その先の人を見通して書くことが肝心である。課長が部長に、部長が専務に言いやすいように。

アメリカでは、資金を得たら、それに見合った研究をするために、人、物を配置していく。つまり、することがあってそのための組織をつくるという発想である。組織や定員が先にあり、それを回転させるために研究をするという考えとは逆なのである。

そのためには、研究をするというだけでなく、研究を「起こす」という発想が必要になる。

私はこれを「研究起業」とよんでいる。企業を起こすための「起業研究」ではない。大学の重要な役目の一つは「新しい研究を起こす」活動である。

40. 発表と英語に関する三つの変なアドバイス

世の中にはいろいろな「ハウツー物」とよばれる本がある。英会話上達法、挨拶の仕方、などなどである。発表と英語に関して、そんな本に書いてあるのとは多分逆の三つのアドバイスを書こう。採用、不採用は読者におまかせする。

◉発表はあまり準備しないほうがよい

日本の研究者が完璧な英語発表の練習をして、国際学会にやってきた。ところが、チェックインした荷物が遅れ、その中に入れていたスライドが使えない。発表はそれでもしなければならないから、「私の研究はかくかく、しかじかで」と始めた。そして、「ネクスト・スライド・プリーズ（次のスライドをお願いします）」と言ったという。

発表の練習とはしゃべることをそのまま完璧に覚えるのが準備ではない。完璧な準備とは、自分が言うべき項目の論理的な関係を完全に頭に入れることである。このスライドを出した時に、聴衆が理解しなければ、その後の話をどう変化させるべきか。このジョークがわからない聴衆にはあのジョークは止めたほうがよい。時間が足らなくなった時は、どのスライドを飛ばすべきか。こういうことの関係を頭に叩き込むことである。

講演の原稿を作って読む人があるが最低である。講演者の興奮が伝わらない。英語の不安はわからないでもないが、すらすら言う必要はない。構造を十分準備した後は、話自体は行きあたりばったりの方が緊張感が伝わる。

私自身の経験では、早くから準備した時は、なんだか落ち着いてしまって話が単調になっていけない。反対に講演の前のきわのきわまで準備して、会場に駆けつけたといった時のほうがなぜかうまくいく。ぎりぎりまで準備して自分を追い込むと、気持ちがだんだんと高揚してきて、自分が興奮してくる。そんな気持ちが伝わるのだろうか。聴衆がだんだんと乗ってくるのがわかる時がある。

そんな危なっかしいやり方はできないという方には少なくとも、大きな声で話すことを薦《すす》める。大きな声で話すと、自分が興奮してくるだけでなく聴衆には話者の自信として伝わる。だいたい、話す本人がよいと思っていない話を聴衆はよいと思わない。本人がよいと思っても、めったなことでは聴衆はよいとは思ってはくれないのだから。

◉プレゼン資料は一目で内容がわからないように作る

一般にプレゼン資料はパッと見てわかりやすいように作れという。しかし、本当のコツはそうではない。実は、プレゼン資料は「それだけでは」内容がわからないように作らなければならない。

それだけで何を言いたいのかがわかると、聴衆は勝手なことを考え始める。

その最悪の例が、自分のしゃべる文章をそのまま書いている人である。するとどうなるか。読者も経験があるだろう。聴衆はその文章を勝手に先に読み始めるのだ。講演者がしゃべっているのが邪魔になるくらいだ。それなら、スライドを出して、二分間黙っているほうがましである。

ビジュアル・エイド・マテリアル（Visual Aids Material——視覚的な補助資料）とはよく言ったものである。プレゼン資料は補助資料なのだ。

それだけでは何を言いたいのかわからないが、講演者の説明とあわせると初めて、言いたいことがちょうどぴったりわかるように設計すべきである。だから、例えば、グラフの縦軸、横軸の説明をながながと書いたりはすべきでない。図もなんとなくわかるが、本当は何だろうと思うような簡単すぎる程度に作る。

すると聴衆は講演者の言うことを聞き始める。そして、講演者は聴衆の考えることをコントロールできるのである。

ある程度以上複雑な式は、式そのものを伝えたいのか、それともそれを導いたという事実を伝えたいのかのどちらかなのか十分検討すべきである。ほとんどの場合は後者であると割り切らなければならない。そして、その時は思い切って小さな字で書いて、はじめからよくわからないようにしておく必要がある。詳しい表も同様である。

変に中途半端な大きさで書くと、聴衆は読んだり理解しようという誘惑に駆られる。どうしても、その式そのものを伝えたい場合は、よほどよく考え、部分部分を大きく書いたり、説明したりして、十分な時間を使う覚悟をすべきである。

要するに、わからせるスライドとわからせないスライドがあるのだ。それで、聴衆をコントロールする。

◉英語教育はあまり早くからやらないほうがよい

最近は、幼児の英会話熱が盛んになっていると聞く。小学校でも英語をカリキュラムに入れるという話もある。確かに、英会話はこれからの時代に、絶対に必要な基礎力であると私も思う。しかし、だからと言って、生まれたばかりの赤ん坊に英会話を教えようという風潮が増長されるならば、私はそれは問題であると思う。

英会話の習熟は、人によって、目的によって違う。小さな子供に教えられるのは、ものの名前やその聞き取り、せいぜい外国へ行って物を買うとか、道を聞くとか、その程度のことでしかないだろう。話す内容としてそれ以上のことは本人に概念そのものがないのだから。

その程度の英語を教える暇があったら、子供のころから日本語そのものか、算数をでもきちんと教えるほうが賢いような気がする。私は、思考力を養うためには、子供の思考過程が固まるまでは一つの言語で教えたほうがいいと思っている。

私は「効き言語」とでもいう概念があるのではと考えている。私は長い間、英語の環境にいるから、日常では、日本語で考える時も、英語で考える時もある。しかし、はっきり言って、ややこしい計算や理屈、思考は日本語で考えるほうが効率がいい。私の人生の最初の三十五年間はそちらでやってきたのだ。

私の子供は日本語も英語も自由に話すことができる。つまり、バイリンガルである。しかし、基本的にはアメリカで育った。すると、面白いことに、足し算をやらせてみると、英語で問題を与えたほうが答えがわずかに速く出てくる。つまり、私とは反対に、効き言語が英語らしい。

その意味でも、子供が英語を習い始めるのは、小学校二、三年が最低ラインではないか。あまり薦めないが仮にバイリンガルが目的だとすると、いくら幼児のころから早期に英語を覚えても、会話学校に行く程度ではバイリンガルにはならない。毎日の生活が圧倒的に日本語だからである。バイリンガルが目的でないなら、英会話の力は使い続けていないと忘れてしまうものであるし、そもそも幼児が英語で会話すべき内容がないのだ。

「日本人としての」英会話は、「効き言語」としての日本語をしっかり育て、かたまってからでは遅いということは決してないであろう。

相撲の世界では「なまくら四つ」と言って、右四つでも左四つでもとれる力士はあまり出世しないともいう。頭の世界でもあるのではないか。

第4章

決断と明示のスピードが求められている

日本と世界　自分と他人を考える

41. 日本に求められるのは、「知のスピード」である

その日の朝、私は、ペンシルバニア州のピッツバーグの自宅で、普段より遅い朝食をとっていた。味噌汁の椀を手に取った時、目に飛び込んできたのは、世界貿易センタービルに旅客機が激突するテレビの映像であった。日頃、ロボットの画像認識技術などで映像を扱う機会の多い私だが、それは、とても現実のものとは思えない映像であった。

◉同時多発テロの日

「あんな低空を飛んでいる飛行機がいる」

二〇〇一年九月十一日、一機目が突入したビデオで、世界貿易センタービルの背景を飛ぶ飛行機は絵を見るようであった。それが、「あ、ぶつかった。これはえらい事故が起こった」という感じであった。それでも何があったのかはよくわからなかった。直後に二機目が突入した時には、「これは何かある」と思ったが、正直この時もまさか自爆したのだとは考えもしなかった。そのころからテレビの報道でもテロということを言い出した。そして、「あと二機、通信不能の飛行機が飛んでいます」と。

四機目の乗っ取り機がピッツバーグ郊外に墜落したのを知ったのは、私の勤務先であるカーネギーメロン大学の研究所に到着した時だった。仕事を始める時刻はとっくにすぎていたが、同僚たちも興奮ぎみに事件について話し合っていた。しかし、予期できない出来事に直面すると、人間は意外に何も考えられなくなるものである。「もっと飛んでいるのだろうか」というぐらいのことは言い合っても、それ以上のことは考えられなかった。

◉危機に遭うと、素早く行動する――FBIから電話が……

研究所の電話のベルが鳴った。米連邦捜査局（FBI）からである。

「墜落現場の詳細な状況をマッピング（地図化）してほしい」

という要望であった。研究所で開発した自動操縦の地形マッピング用ミニヘリコプターを墜落現場の上空に飛ばし、広範囲に広がる機体の散乱状態をカメラに収めてほしいというのである。数日後ミニヘリコプターを墜落現場に飛ばして、レーザーセンサーで撮影した三次元データをコンピュータ処理し、現場の状況がどのようになっているかが一目でわかる三次元マップを作り、提出した。

正直に言って、研究者の立場からすると、このヘリコプターシステムにしても、後述の放能環境下ロボットにしても、完全なシステムとは程遠いものである。

アメリカでは、危機が起こると国全体が素早く行動する。決断力のスピードが日本とは違う。非常に現実主義的で、役立つものはなんでも使うという概念が非常に強い。国の緊急時に大学が全面協力するのはアメリカでは当たり前のことなのである。

◉使えるものは使うのプラグマティズム（現実実用主義）

一方、日本だったらどうだろうか？　大学が現実世界に起こった事件や危機に政府に全面的に協力して対処するということは、建て前や規則にしばられきわめて難しい。

先年、東海村で起きた放射能漏れの事故の際である。東海村事故のニュースが伝えられるやいなや、何人ものアメリカ人の同僚が私に、

「タケオ、あのチェルノブイリのロボットをすぐに日本にもって行こう。日本の人々は喜ぶだろう。われわれが提案しようじゃないか」

と言うのであった。

というのは、その数年前に、われわれカーネギーメロン大学ロボット研究所とピッツバーグの会社は、ロシア（旧ソ連）で原子力事故のあったチェルノブイリ原子力発電所の事故現場の保存状態が悪化してきた時、その検査と処理のため米国――ロシア政府の共同プロジェクトの一環として、放射能環境下で働くロボットを開発し、チェルノブイリにもち込んでいたからであった。

現実問題として、日本には優れたロボット技術があるし、われわれのロボットがすぐ役立つ

状況だったとは思われない。しかし、そんな提供の申し出をすぐさまするところがアメリカらしいと思う。

実際、日本政府に対してアメリカのエネルギー省長官が正式に「ロボットを送る用意がある」と伝えたそうだ。そのロボットというのはわれわれのチェルノブイリ用のロボットのことだったのだが。日本政府がその申し出を受け入れたとは聞いていない。

「Too little, too late（あまりに少なく、あまりに遅い）」

九〇年代の初め、湾岸戦争で有名になった言葉である。日本は、最終的には一三〇億ドルもの高額の支援に応じたが、あまりに遅かったので十分な評価をされなかった。

あらゆる場面で「決断のスピード」が求められる。国際情勢は何が起こるかわからない変化と不確実の時代だ。技術も、インターネットの普及によって、素早い対応がますます必要になっている。間違った決定は変えられるが、何かを決めないことには先に進めない。

決断するためには、「知のスピード」を身につけることだ。ぐちゃぐちゃ考えていては遅くなる。素早い判断が必要な時ほど簡単に、すなおに考える。

42.

インターネットの価値
——より多くの広い範囲の人と仕事

インターネット技術は、これまでの企業や国といった組織の壁を突き破り、リアルタイムに情報交換や情報共有を可能にしつつある。

◉九・一一同時テロの時、生き残った唯一の通信手段

手元に、国家研究評議会（NRC）という団体の発表した「危機下におけるインターネット」という報告書がある。NRCは研究者や実務家の顕彰《けんしょう》組織であるアメリカ科学、工学、医学アカデミーという三つの団体からなり、政府から独立して、その科学政策などにアドバイスをする。

この報告書によると、インターネットは九・一一同時テロの際、電話などはまったく不通になった期間があったのに対し、初めから最後まで、多少速度が落ちた時はあったものの、その機能をほぼ完全に維持できた唯一の通信手段であったという。

ビルの倒壊直後から、人々はCNNやニューヨークタイムズなどのメディアのページにアク

セスして、時々刻々変わる情報をえることができたし、電話が不通になってからは、インターネット電話としても相当使われたらしい。

インターネットはパケット通信とよばれる方法を使っている。一つのメッセージは、発信側でパケットという小さい単位の集まりに分解してネットに送りだされる。おのおののパケットはまったく独立に、そのときのネットワークの状態によって、時にはまったく違うルートを通り順序も変わって受信側に到着し、そこで元のメッセージに再編集される方式である。ARPAネットとよばれた初期の国防総省ネットワークで、通信に信頼性と効率を増すために、開発された考えである。

ニューヨークはインターネットの重要な結合点であり、世界貿易センタービルの中およびその近くにあったインターネットのための通信設備や、ファイバーケーブル、電源が破壊されたにもかかわらず、その影響は一時的なもので、それが全世界に波及することなく、機能を維持できたという。期せずしてパケット通信のストレステストとなったわけである。

このように、インターネットは常時接続、双方向の通信機能と、それにつながる人とセンサーを通じて、膨大な情報の収集と記憶を結びつけたものである。

そんな情報のうち、最も重要なものの一つは、世界中のどこにどんな人がいて何をしているかという情報である。

◉インターネットは技術開発における組織の壁を破る

情報ネットワークの急激な進歩は、技術開発における人間関係をもダイナミックに変えようとしている。

こんなことが、大学でも起こっている。工学に限らず科学分野では、研究を共同でやることが多い。そのために、一昔前は共同研究のパートナーを探すのに、いわゆるオールドボーイ（ＯＢ）・ネットワークというのがあって、先輩などに「誰か適当な人はいませんか」と話しておくと、「私の知っているあの人が、こういう研究をやっているからどうだろう」と紹介してくれたものである。

しかし、最近はずいぶんと変わってきた。私のところにも、まったく会ったこともない人が、突然、メールを送ってきて、

「あなたの研究をホームページで見た。ぜひ一緒に研究をやりたい」

と言うのである。

実際、スーパーボウルの「アイビジョン」のプロジェクトはＣＢＳテレビの技術者がインターネット上でのサーチによる詳細な比較調査に基づいて、

「プロフェッサー・カナデ、あなたに協力してもらいたい」

とやって来て、話が始まったのである。

「あなたはこんなことをやってきたはずだ。だからこれはできるだろう」と私の過去の研究開発をよく調べて知っているのには驚いた。

◉日本も、インターネット社会から逃れることはできない

日本では、人間関係のしがらみが強いから、見ず知らずの人に突然「一緒にやりましょう」と言うことはまだ少ないだろう。しかし、情報ネットワークの発達は、これまでのようなＯＢネットワークによるコミュニケーションの価値をどんどん下げ、ダイナミックなコミュニケーションに置き換えることになる。

これまで、東大や京大というういわゆる一流校がリードしてこられたのは、情報や人を独占していたからだが、インターネット技術によって誰もが最新の情報を入手でき、国際的にも連携できるようになった。自然と連携の輪はひろがり、そういう言わずもがなに仮定されてきた価値に変化が起こる。学閥の解消にも役立つだろう。

すでに、ビジネスの世界においては、「大企業神話」が崩れ、地方の小さな企業が外国の企業と結んでビジネスを推し進めるようになっている。

インターネット時代のダイナミックなコミュニケーションというのは、まったく見知らぬ異文化の人とも協調してやっていかなくてはならないということである。

例えば、共同で研究する場合でも、お互いに自分の意見をシャープに言い合うことが肝要で

ある。特に新しい人との共同研究では自分の考えと相手の考えでは、どこが類似していて、どこが違うかを明らかにすることが成功への早道である。

「なんとなく似ているから、一緒にやりましょう」ではダメだ。

実際、私の経験では共同研究は互いが競争意識をもつぐらいの緊張感が強いもの同士のそれが成功する。弱いもの同士が集まったのではろくなことにはならない。

アメリカでは、すでにこの情報インターネットの機能を使って、社会の再構築が動き出している。私は、この世界的潮流から日本も逃れることはできないだろうと考える。なかには、英語中心になって、日本の固有の文化が壊されると言う人がいるが、それはあたらない。

原始文化というならいざ知らず、日本のようにすでに開かれてしまった文化は、もう殻《から》を閉じて守るものではない。発信することで守れるのだ。

43.「自分がどう見られるか」の強迫観念と存在感

心理学者に聞くと、人は誰でも、他人に見られているという自意識ないし強迫観念があるそうだ。例えば、ズボンの後ろが破れていたりすると、人に見られているのではないかと非常に気になる。実際には、他人はまず気づいていないにもかかわらずである。

◉アメリカ人は、周りからの目を気にしない

自分が周りからどう見られているかということに、まったくと言っていいほど関心を示さないように見える言動をするアメリカ人が多い。日常生活における態度から、国際政治経済における政策まで。日本のアメリカ批判のもとには、そういうアメリカ人に対して、心の奥で「もう少し自分を振り返って見なさいよ」という気持ちがある。

ところが、そういう人に限って、学会や委員会の中で発言すると、なぜかみんなその意見に影響されて、話やレポートの方向が決まっていく。しゃくに感じるけれど、確かに言うことが的を射ているように思われるからである。つまり、なぜか存在感を与えるのである。

では、日本人はどうか。一般に他人や外国、世界からどう見られているかに非常に敏感であ

る。そして、自分は人に見られていると思っている。別の言葉で言うと、自意識過剰である。日本の新聞を読むと、例えば、「ワシントンでは、今回の事態に対し、日本がいかなる貢献をするか、どういう態度をとるかが、大きな話題になっている」などという記事がよく書かれている。しかし、私たちのうかがい知れないワシントン政府の中枢の中枢はいざ知らず、一般人の知るかぎりでは、そういうことはまず話題になっていない。

ひょっとして、記者は自意識からそんな記事を書いたか、あるいは書きたいと思って、わざわざアメリカ政府関係者に見方を尋ねたのではないかとさえかんぐりたくなる。聞かれればそう答えるに決まっている。

◉残念ながら日本は、アメリカ人にとって存在感が稀薄である

外国に長く住んでいると人一倍の「愛国者」になると前書きで書いた。そんな私がつくづく感じ、しゃくに思うのは、一般のアメリカ人にとって日本や日本人は存在感が稀薄、ほとんど皆無だということである。大袈裟《おおげさ》な話ではない。

例えば、アメリカの一般テレビにも、日本だと久米宏や筑紫哲也にあたるような人がキャスターを務めるニュース番組がある。もっとも、彼らはその時その時の世界で最も重要な指導者に単独インタビューなどができる点で、日本のテレビキャスターとは格段に違ったレベルの影響力をもっているが。

そんなキャスターが「ブッシュ大統領が悪の枢軸国《すうじく》と言いました。この発言の世界に対する影響として……」と話し出す。その時、「同盟国である」としてイギリス、ドイツ、フランス、「対立する国」としてロシア、中国、「隣国の」としてカナダ、メキシコなどの反応は紹介されるが、「同盟国である日本」と出てくることはめったにないと言ってよい。何かというとアメリカに反対するフランスなどは、常に出てくるというのにである。

私の住むピッツバーグのローカルな新聞の一面に「日本」という単語が、どんなことであれ出てくるのは一年に何回かという程度であろう。ピッツバーグは全米二〇位ほどの都市である。東部に属するせいもあるかもしれないが、それにしても日本で二〇位ほどといえば、鹿児島、八王子、新潟である。鹿児島新聞にアメリカという単語が出ないのは何日くらいだろう。

同時多発テロのあと、アメリカが発表した対テロ協力二〇カ国に日本の名前がないというので問題になったことがある。結局、アメリカのパウエル国務長官が「あれはミスだった」とあやまって一件落着となった。

私に言わせれば、あれは意図的だったのでなく「ミスだった」ことに、日本としての問題があるのだ。例えば、リストの中にイギリスの名前が抜けていたとしよう。広報担当官でなくとも、タイピストですらが、「イギリスがありませんが、いいのですか」と言ったはずである。

日本は絶対に入れまいと意識的に外したわけでもあるまい。きっとリストを作ったり、処理した人の日常生活の意識の中に日本がないので、忘れていただけのことではないか。意識的に外されるほどの存在感がほしいくらいだ。

私は、日本の新聞記者やテレビレポーターがこんな現実を日本にレポートして、「どうしたら、日本は存在感を世界で出すことができるのか」と問いかけることをなぜしないのかと、不満に思っている。

◉「やろう」のアメリカ、「やめたほうがいい」の日本

「日本は世界第二位の経済大国なのに、どうして無視されるのか?」

「愛国的な私」は不満に思う。必ずしもアジア軽視というのではないようである。アメリカはアジアを非常に重要だと考えているようだし、中国に対しては警戒も含めおおきな関心を寄せている。しかし、一般のアメリカ人にとって、日本は残念ながら存在感が希薄なのだ。

なぜか。私は、理由は二つあると見ている。

一つ目は、日本は本気で、自ら率先して「する」という形で物事に取り組む姿勢を見せないからだろうと考えている。

議論というのは、普通、何かをするために議論するのであって、「やらない」という議論は従属的なものである。やらないという意見は、前提に「やろう」と言う人がいて、「いや、やめたほうがいいよ」と言うのではじめて役に立つ。つまり、やろうと言う人がいなければ、やらないほうがいいと言う人は存在感がないわけである。アメリカという国は常に「やろう」と言う

国である。対し、日本は「やめたほうがいい」と言う組に入っている。「そういうことをするのは傲慢《ごうまん》だ」「みんなの意見を聞くべきだ」「やるとしてもやり方が悪い」と言う。

賢そうに聞こえるが、「じゃあ、何もしないほうがいいのか?」「じゃあ代わりに何をするのか?」と聞かれると、言葉につまって口ごもる。「俺だったらこうやって解決するから、俺に任せろ!」と言わないのでは、存在感を示す迫力が生まれない。

もう一つは、日本はほとんどいつも、自分の態度を最後まで鮮明にしないで、「各国の動きを見極めて」と言うことにある。国益を考えて、勝ち組ないし、大勢組につく手段であろうが、なんとなく従属的で存在感、指導力を感じさせない。

その点、今度のイラク問題でも、イギリス、ドイツ、フランスは賛成であれ、反対であれ、さっと態度を決めて、それに他国を引き込もうとする。「フレンチフライ」は「フリーダムフライ」に名前を変えろとパフォーマンスする国会議員がでたほど、フランスはアメリカでは嫌われたが、存在感を増したことは事実である。

それとともに、夜のテレビのコメディショーで、そういう議員を徹底的にバカにしたり、「なら、『フレンチキス』を『フリーダムキス』に変えろ」とジョークにするのもアメリカである。

いずれにしても、「賛成なら賛成」「好きなら好き」とはっきり言わなければわからないのは、国際政治でも恋愛でもいっしょである。

44. 日本独自をかくれみのにしない

われわれには、文化的あるいは感覚的に当然ながら真であると信じている言明がある。しかし、本当にそうだろうか。それを見る目の位置を変えてみると、違った真実が見えることがある。その一つが「日本独自」という言い方である。「日本独自の考えでつくった技術」、「日本人だからできた技術」といわれると、日本人として鼻が高い感じがする。やっぱりそうなんだと思うからである。しかし、その意味は何だろうか。

◉「日本独自の」文化、習慣

日本独自のという言い方は、一般的にポジティブな意味で使われることが多いが、単に事実を述べるだけ、またネガティブな意味で使われる時もある。

「『柔よく剛を制す』という日本独自の武道精神の復活を見ることができる」

「日本独自の着物文化の美しさがここにある」

「尊敬語と謙譲語を使い分けるのは日本独自の習慣である」

「神仏習合は日本独自の宗教観である」

「女性は不浄であるという日本独自の女性観が女性の地位を低めてきた」

私は、「日本独自」が文化的、社会的、宗教的なものであるか、またその影響が良くも悪くも日本の中にとどまっている限り、どんな主張もルールも勝手なことであり、その善悪、真偽はわれわれの判断で決めるべきものであると考えている。例えば、宗教家が妊娠コントロールはカソリックの教えに反するという理由で、開発途上国の人口政策に口を挟むのは余計なお世話である。

科学はどうか。「日本独自の物理理論」「日本思想に基づいた生物学」というのは多分ないだろう。過去に旧ソ連で、「ダーウィンの進化論はブルジョア的である」としてルイセンコによる特異な進化論が行われた。しかし、自然の真偽は地域的ではなく、全世界的のはずである。

◉「日本独自の」「アメリカ独自の」技術？

では技術はどうだろう。技術は社会的、文化的な要請があるだけに「日本独自」がありうる。例えば、テレビの『プロジェクトX』でも取り上げられた、コンピュータ入力における自動かな漢字変換は、日本独自の、しかも自然言語処理と人工知能技術を使った高度な技術である。

しかし、こういった場合以外、「日本独自の考えでつくった技術」「日本人だからできた技術」という言い方がその技術の高さを示すために使われた時には、私は、実はその技術のレベルは、はなはだあやしいと思っている。

思うにこれは、いっとき盛んであった「日本人は独創的なことをしない」という批判に対抗するため、「日本だっていいことをしているのです。その証拠に……」というように、日本を強調するために使われ始めた言い方なのだろう。

今日、アメリカで、技術において「アメリカ独自」と言う人はまずいない。言う必要を彼らは感じていないからである。

アメリカが西部開拓を進め、十九世紀の終わりからどんどん国力を伸ばしたころ、「アメリカ技術はイギリスの科学発見に負ぶさっているだけだ」とイギリスに批判された時代があった。面白いことに、その時、まさに「アメリカ独自」にあたるAmerican Ingenuity、意訳すれば「アメリカ技術魂」とでもいう言葉が使われた。西部劇に出てくるリボルバー式のコルト銃、またガットリング銃という回転機関銃は「アメリカ技術魂」による発明の典型とされた。今日、この言葉は日常ではめったに使われない。

●いいものは誰が考えてもいい

よく考えると、「私が考えた」ではなく「日本人である私だから考えられた」というのは日本人以外にハンデキャップをもたせ、競争を拒否しているわけである。反対に「フランス人だから考えられる」といわれればどう思うだろうか。いいものは誰が考えてもいいものでなければならない。

実際、これまでにそういう鳴り物入りでやられた「日の丸ＯＳ」とか「日の丸ソフトウェア」とかというのが世界で流行《はや》ったことはない。結果的に日本でだけ使われているものになってしまったのなら、日本独自技術と言うより日本独自文化なのだ。

逆に、世界で売れている自動車や電気製品は「日の丸自動車」とか「日本人だからできたウォークマン」とは言わない。言う必要がないからである。

誤解を生まないためにもう一度はっきり言おう。日本独自文化や日本でこそ必要な技術が悪いとか、ましてや、日本から世界に通用する技術が生まれなかったといっているのではない。かな漢字変換は自然言語処理技術の傑作の一つとして世界で認められている。日本人にアイデアがあることは証明済みであるし、私は誰よりもそう信じている。

私が京大を辞めてアメリカに来る時、恩師の坂井利之教授が、

「金出君、アメリカで日本人であることを売り物にしないで勝負して来い」

といわれた。今でも通用するアドバイスだったと感謝している。

私の言いたいのは、技術の世界において、「日本独自」を「日本だけで通用する」の言い換えに使ってはならないということである。世界で勝負しようと言っているのだ。

45. 人を引っ張るリーダーシップ

アメリカの主要な大学の研究所の所長とか学科長は、もち回りでなる庶務担当のような職ではない。その組織を運営する経営者であり、ボスであり、リーダーである。トップは戦略をつくりだし、指導していくことを期待されている。そのためには、情勢を判断し、方針を決断する力が必要である。だから、エネルギッシュな人が多い。若くてもそういうことに長《た》けた人ならかまわない。

カーネギーメロン大学で私の後任として、ロボット研究所の所長に選ばれたのは四十代前半の人だし、巨大な学科である電気工学科の現在の学科長はやはり四十代前半の人である。彼が博士課程の時、私はその指導教官だった。私は電気工学科の教授でもあるので、私の現在のボスは「私の元学生」である。二人とも「やり手」だ。

◉商取引に、アメリカは一人で来る、日本は三人で行く

商社に勤めた人がこんなことを言っていた。

アメリカ人は交渉に一人で来る。この製品はここが良い、ここが悪い、これはいくらぐらいでと交渉する。「それは高い」と言うと、「それじゃあ、この値段で」とか言って、誰にも相談

せずに一人で決定する。そして契約ということになると、その人間がサインをして帰る。

対する日本側は、専務、部長、部員が連れ立って出向いていく。商品がいいとか悪いとかの技術的な話は一番下の部員がする。値段の交渉はおもに部長の役だ。「もうちょっと安くできないか」などといわれると、部員は部長に「どうですか」と聞く。部長はＯＫをだす。専務は「すべてよし」となって契約書にサインをする。だから、交渉には、最低三人で臨まなくてはならないのだという。

アメリカ人が一人で来るのはそれなりの理由があるらしい。交渉にきて誰と会い、どういうふうに交渉すればいいかというのは、その人の財産である。連れ立ってくると、その知識やノウハウ、コネクションを他人に渡すことになる。次の人に渡してしまうことは企業の中で自分の値打ちを減らし、立場を危うくすることになりかねない、だから一人で来たがるというのである。

アメリカでは給料も個々人できまる。学部卒業生の企業における初任給も、博士課程を出た新しいＰｈ・Ｄを大学で助教授で雇う時の給料も一律に決まっているわけでない。その人その人をどれだけ雇いたいかで決まるから、三〇パーセントや五〇パーセントくらいまでもの違いがありうる。

◉西部劇の保安官、時代劇の代官

日本とアメリカのリーダーシップの違いについて聞かれると、私は「アメリカは西部劇の保安官、日本は時代劇の代官」と答えることにしている。

テレビの時代劇を観ると、悪人を捕縛しに行く時には、代官は正装し、配下の武士を率いて出向く。そして、現場に到着すると、うちわのような軍配を振って、「行け！」と命じて、自分は最後まで手をださない。討ち入りの大石内蔵助《くらのすけ》だってそうだ。

昔は強かったかもしれないが、いまは部下が腕は上のようだし、あまり前のほうにでしゃばるのは、重みもない、部下にも好かれないらしい。最初から自分で、悪人とチャンチャンバラしてやっつける鬼の平蔵や遠山の金さんは例外である。

アメリカ西部劇の保安官は一般に助手よりはるかに強そうである。特に、地位が高い連邦保安官ほどそうらしい。ワイアット・アープは一人で現場に出向いて悪者と対決したがる。どちらが速く抜くかで、悪が勝つか正義が勝つかの決闘になる。

「ピストルを抜くのは俺が一番速い。助手ではとても相手には勝てないだろう。だから、俺が出向いて勝ってくる。俺が負けたら終わりだ」と。

つまり、自分が現役であることを強調したがる。

私は、二〇〇一年にロボット工学研究所の所長職を辞任した。十年間務めたので、「きりがいい」と辞したのである。日本に帰った時などに、「辞めて何をしているのですか」ときく人がいる。

「いやいや、所長は辞めたけれど、今までどおり研究しているよ」

と言うと、けげんな顔をする。日本では所長職というのは研究所の最高のポストであり、ある程度の歳と経験が必要で、「上がり」のポストという感じがある。その後は、顧問とか委員長といった仕事が主になるといったような。

アメリカでは、トップになっても専門的な知識がないと相手にされなくなる。肩書きよりも、現役かどうかでリーダーとしての評価が決まってくるのだ。私は、所長を務めていた時も、その前も、その後の今も研究にはまったく変わりはない。

置いてきぼりにされたくなければ、どんな地位にあろうと現役である必要がある。

◉強烈な個性のリーダー

私が会った人の中でその個性の強いリーダーシップで最も圧倒されたのは、アメリカ航空宇宙局（NASA）の前長官D・ゴールディン氏である。

かれは、チャレンジャー事故の後、任命された長官で、「小さく、安く、速く」のスローガンを掲げ、肥大化したとされるNASAの組織改革をすすめた。

カーネギーメロン大学のロボット研究所では、私の所長在任中の一九九六年、ロボット技術コンソーシアムという、学外の六〇〇〇平方メートルの敷地に農業・鉱業・惑星探査など大型ロボット応用の開発実験設備を備えたロボット技術の産業移転のための新しい機構を正式に発足させた。その資金五億円を出したのがＮＡＳＡであった。このロボット技術コンソーシアムの開所式にワシントンからゴールディン長官が来た。ピッツバーグ空港に所長として出向えに行った時の事である。

長官用飛行機を降りてリムジンに乗り込むや否や、私に向かって、

「あのやかましい犬を黙らせろ！」

と言うのであった。コンソーシアム設立のための資金の交渉実務を担当したカーネギーメロン大学のスタッフのことを意味していた。

「私が金を出したのは、あいつががたがた言ったからではない。あなたのロボット研究所がよい仕事をしているからだ。誤解するな！」

と言う。彼の言葉の悪さには参った。丁寧な言葉遣いをするのもマッチせずに変だし、同じような言葉を使うのは私の英語力ではできないし、正直なところ、どう応対するのが適当なのかわからなかったほどである。

しかし、それがひとしきり済むと、宇宙におけるロボット技術について、矢継ぎ早の専門的な質問とコメントだ。私はその知識に感心した。

続いて開所式での挨拶は、挨拶というよりは二十分にわたる「講演」であり、内容はビジョ

ンに充ちたものであった。あとで聞いたところでは側近の書いた原稿を全部自分で書き直したとのことであった。さらに、レセプションでも、ほかの来賓と挨拶をするよりは、そこここの技術者や学生と気軽に、そして義理ではなく本気で議論するのだ。

ＮＡＳＡは年間予算一五〇億ドルという巨大なアメリカの看板機関である。その長官というと、日本的なイメージから、一般的な挨拶、会話と行動を予想していた私は、こんなリーダーもいるのだと完全に度肝《どぎも》を抜かれた。

あんなリーダーに仕えるのは大変だが、あれなら組織も変わるだろう。

46.

うまくいかない時もある——あっさりと方向転換しよう

これまでは、企業、大学、政府が優秀な人材を囲い込んできたので、個人もその中だけで通用する生き方をしていれば、定年まで安泰に過ごせた。

時代が変わったのである。これからの時代は、「その場所で、その時々にベストを尽くせばよい」と考えるようになれば、新しい発想や活力と流動性も生まれるはずである。社会も変わるだろう。

◉学生にとって恐怖の「ブラック・フライデー」

私の所属するカーネギーメロン大学コンピュータ科学科の大学院は世界から三〇倍ほどの競争率を勝ち抜いてやってきた大学院生からなっている。彼らは優秀で猛烈に勉強をする。

コンピュータ科学科創立以来のユニークな伝統がある。大恐慌を引き起こした一九二九年十月二十四日のブラック・サーズデー（魔の木曜日）をもじった「ブラック・フライデー（魔の金曜日）」とよぶ会合である。

年に二回、学期の終りに教官全員が一室に集まり、大学院生を全員一人ずつ評価するのだ。その結果、評価の悪い学生は「修学停止」として去らなければならないことにもなる。学生にとってはまさに恐怖の日である。

「ブラック・フライデー」ではまず学生の名前が読み上げられ、その写真と経歴などの情報がスクリーンに表示される。そして、その指導教官が、学生のその学期の活動を報告する。例えば、「すばらしい研究ができた」「論文をいくつ書いた」「研究以外のことに凝《こ》って、あまり研究に進展が見られない」「最近、結婚した」などと言う。すると、その学生の活動を知っているほかの教官が、「私の講義のアシスタントをしたが、とてもよくやってくれた」「廊下で話したが、彼の研究のアイデアはあいまいだ」などと口をはさむ。

議論の結果は、学科長の「ブラック・フライデー・レター」という手紙にまとめられて学生に伝えられる。順調な学生は「Ｐｈ・Ｄに向けて満足のいく進歩をとげている」というように書かれる。さまざまな注意やアドバイスも付け加えられる。

悪い評価を受けた者には「次の学期までにこれこれの力を証明しなければ退学してもらいます」とか、最悪の場合は「次学期からは来なくてもよろしい」となる。

会議は侃々諤々《かんかんがくがく》になることが多い。特に否定的結論の場合、学生の一生に関わる重大事を決めるわけなので、一人に一時間以上に及ぶこともあり、いつ終わるのかという時もある。

日本を含めほとんどの大学院教育では、実質的に教授が自分の大学院生の運命を一人で握っているところがある。「ブラック・フライデー」の基本的な考えは、「学生の運命を一人の教授が決定するのは不公平であり、教官全体で正しく評価すべきである」ということである。さらに、重要なのは「これから先、見込みのない学生には早く別の道を探させたほうが本人のためである」というサラッとした、醒《さ》めた考え方に基づいているように思える。

◉教官にもテニュア制という評価制度がある

同じような哲学は、教官の評価制度であるテニュア制にもみてとれる。

最も一般的には、博士課程を出てまず一期三年の助教授の職に就く。三年後には再任か退任の評価がある。無事再任されると、その三年後には準教授に昇進させるか退任かどうかの評価がある。それも無事パス、昇進すると、その任期三年の終わりに、通称「テニュア」とよばれている終身任期を与えるか退任かどうかの評価がある。

つまり、普通に行けば、三年ずつの任期つきのポストを三期計九年のあとで終身の権利がもらえる。その後、正教授になれるかどうかは期限なしというのが標準のスタイルである。中途採用はこの評価スケジュール中の適当な所にはめ込む。まさしく評価と任期性に基づく昇進制度である。

評価はどんな論文をどのくらい発表したか、どんなシステムを作ったか、どんな授業のクラス、大学院生の指導をしたかなどを勘案する。これらのデータも重要であるが、ほかの大学や企業の人、十何人かに意見を尋ねた手紙の内容が大きなファクターになる。終身任期の決定である最後の評価は特に厳しい。

これらの評価は、評価される人のポジションより高いポジションの学科内の教官が全員参加して行われる。

その人の作ったソフトウェアが世の中の標準になっているとか、商用システムで使われている、その人の学生がまた有名になっている、などは大きなプラスである。要するに、その人を世の中がどう評価しているか、世の中にどれだけのインパクトを与えたかが最大の基準である。

テニュア制度には、昔は「Publish or Perish（論文か死か）」、近くは「Demo or Die（デモか死か）」などと言って、その厳しさを言う言葉がある。「学内政治力学で、誰それのテニュアが拒否された」などという話も山ほどあって、アメリカの大学は競争心と猜疑《さいぎ》心で充ちた伏魔殿のような所ではないかと思う向きもある。

しかし、私の見るところ、テニュア制度の本質は「任期が来たら辞めさせる」ところにあるのではない。「任期の終わりには必ず評価して、昇進させるか、うまくいかない人には辞めてもらうかのどちらかに決めます」という契約のように思われる。実際、任期の終わる前に早く昇進する段には何の制限もない。だから九年でなく、五年でテニュアをとったというような人もいる。

テニュア制とは昇進の最低速度を決めているのであって、最高速度は無制限なのである。「五年以上在籍したものに限る」などと、最高速度を決めたがる日本のシステムとは逆である。

便利な人で辞めさせたくはないが、昇進させたいほどでもないという人を飼い殺しの状態で留め置くのを防ぐ意味合いがある。高速道路で最低速度を維持できない車は一般道を走ったらと言うのと同じように、あなたに合うところでがんばったらという、これもサラッとした考えだ。

◉アメリカでは、転職は自分の実力を知る機会である

アメリカでは、大学に限らず企業でも、向いていない仕事や向いていない関係は長く続けても、双方によくないという考えがある。

ブラック・フライデーでは「学生の興味が変わってきたので、自分が指導教官を続けるのはどうかと思う。A教授かB教授の学生になるほうがいいのでは」というようなことを提案する教授もいる。日本のようにいったん始めたら師弟関係をまず変えないシステムとは違う。

私の学生でカーネギーメロンの教官になったが、私の目から見ても博士課程時代のすばらしい仕事の割には伸び悩んでいる人がいた。彼にテニュアを与えるか否かの投票になった時、私は残念であったが、正直に否に投票した。彼は新しいところに変わり、ずっと活発に研究している。私と彼とは今も仲よく付き合うし、共同研究などもしている。

背景には、価値の多様性、個性の尊重、人の流動性というアメリカ社会の構造がある。アメリカの企業では出入り自由な企業が多い。一度辞めた人が外で力をつけて戻ってくるケースもある。学生も自分にあったところに入り、実力を養ってさらに条件のいい会社に移っていく。そのため、転職はその人が自分の実力を知り、新しい機会にめぐりあうチャンスでもあるのだ。

そのような背景があるので、「ブラック・フライデー」も「テニュア制度」もドライに受け入れているように私には思えるのである。

47. 評価とは本来主観的なものである

経営や運営・企画を担当している人の仕事は、「客観的」な決定をするのではなく、活動を映す資料・情報をもとに、世の中の動きや、自身の哲学に従って主観的な決定を下すことなのだ。そしてその政策によって結果的に、組織全体のインパクトや価値がどれだけあったかというのが、また彼ら自身の評価というふうになっていく。

◉評価は難しい

日本の研究界は今、評価ばやりである。

従来は、大学の個人としての教官も組織としての学科も、良くも悪くも扱いは同じであった。だから、今後は、研究成果を評価して研究費や待遇を変えるようにしよう。それで「やる気」を出させるようにしようということらしい。

業績評価の結果が直接個人にはねかえる。だから、日本で常に大きな問題になるのはそのやり方が「公平」であるか、「客観的」であるかである。

研究者は学術誌に成果を発表するのが一義的な活動だから、業績を評価するには学術誌に発表した論文数で決めるのが一番客観的であるということになる。しかし、研究者は学術的な会議にも出席して、論文を発表する。そこでと、学術誌論文一に対し、国際会議発表〇・五、国内会議発表〇・三の重みでいこうとなる。

すると、国際会議と言っても、その審査が学術誌以上に厳しいものがあるかと思うと、「発表したい」と言えば、「どうぞ、どうぞ」というような会議もある。それを同じに評価するのはおかしいというコメントがでてくる。

さらに、システム開発的な分野では論文は簡単には書けない。パテントだってあるではないかとなる。論文の数だけでなく、これらの価値も加味した客観的評価をすべきであると言い出す人が出てくる。

こうして、評価ルールはどんどん難しくなっていく。

しかし、私はこういった「客観的評価」を目指したルール作りはほとんど意味がないのではないかと思っている。

◉日本で、大学入試がなくならないのは……

アメリカの大学は入学試験はない。ハーバード大学やエール大学などの有名大学でも入学者選考委員会による書類選考で合否が決まる。ＳＡＴとよばれる、日本で言えば大学入試センター試験にあたるような共通学力度テストがあるが、有名大学では応募者のほとんどはＳＡＴでは高得点をとっている。だから、どの学生を入れるか、入れないかのほとんどは提出された高校の成績表、推薦状、活動歴などで決定される。

選考委員会も比較のために一応点数をつけたりするが、書類選考で客観的な点数などつけられるものではない。誰が判断するかで変わる。また、どの大学も、個性や特色のある生徒を入学させたいと考えている。学力以外の、例えば、スポーツで活躍したとか、社会福祉をやったとか、音楽に秀《ひい》でているとか、さまざまなバックグラウンドをもっている学生を入学させようとする。ただ、日本で言う「一芸入学」とはちょっとニュアンスが違う。

この生徒は入れて、この生徒は入れないというのは、まさに選考委員がどう考えるかの判定といえる。

ある時、プリンストン大学に視察に来た日本の大学関係者が、教務担当副学長にそうやって入学者を決めていると説明されて、

「それではずいぶん主観的な判断ではないですか?」

と聞いた。すると、

「そう、主観的なんです。それがどうかしたのですか?」

と返事をされて、びっくりしたという。

日本で、東大の入学合否判定を「俺が決めた」などと言う人がいたとしたら、社会的な大問題になるに違いない。不合格になった生徒の父母で、

「どうしてあの生徒は合格して、うちの息子は通らないのか。息子のほうが学校の成績はよかったのに……」

と言う人が間違いなく出てくるだろう。その時に、合否を決定した人が、

「いや、確かにお宅のお子さんのほうが成績はいいかもしれない。しかし、われわれの大学では、こういう人がほしいと思ったから、むこうをとったのだ」

と、その父母の顔をまっすぐ見て言えるか。日本でそう言える人は、おそらく皆無であろうし、現状では社会が許さないだろう。

その点、「いや、なにせ試験でお宅の息子さんの点数が一点低かったものだから、どうしようもなくて」と言うほど楽なことはない。誰が決めたわけでもなく、「客観的」数字が決めたのだから。

しかし、忘れてならないのは、その試験制度を決めた時に、そういう試験でよい点を一点でも多く取れる人を優先する、という主観的判断がなされたことである。

◉「客観的」評価の危険性と欺瞞性

私の見るところ、日本でも評価される立場の人は評価されることをことさら怖がっていないが、評価するほうの人が、自分が評価を下すことを恐れているように見える。例えば、会社などでも、課長に「このプランはどうして通らなかったのですか」と質《ただ》すと、

「私はどちらでもいいのだけど。まあ、部長がそう言うもので……」と言い、部長は専務が、専務は社長がと先送りし、社長は「みんなに任せているのだから……」と逃げてしまうパターンだ。

では、評価するということは、どういうことか?

論文数、パテント数、開発システム数は客観的データであるが、その価値を測るのはあくまで、その組織や人ごとに何を重要と考えるかの政策の問題であり、決定ではなかろうか。「決定」というのは、本質的に決定者の主観的なもののはずである。したがって、評価も本来主観的なものである、と割り切ることが必要である。つまり、畢竟《ひっきょう》、評価はだれか個人の判断なのだ。

日本の研究所や大学では、「従来評価が十分ではなかった」と批判された結果、「もっと評価すべき」であるという方向に動いている。しかし、従来でも、誰がよい研究をしているとか、成果をあげてないといった評価は実は内々に皆わかっていたことである。

問題は「評価がなかった」のではなく、「それに連動した形で、何か違った状況をおこす施策がなされなかった」ことにあったのだ。最近の評価をしようという動きの中で、客観的評価をしなければならないという考えから、重みつき論文数といったやり方で、何か違った状況をおこす重要な施策の決定が機械的になされるとすれば、もっと不都合なことになるのではないか。なぜ「客観的ということに」したがるかと言うと、日本には決めたがる人が少ないからである。「俺が決める」と言うのをいやがるからだ。

48.「自分が決める」という勇気

これからの組織で大切なのは、自分の意見をもった人材である。他人の意見はおおいに耳を傾ける必要がある。そこから学ぶものは多いからだ。意見の違いは、争点を明瞭にすれば協調できる。自分の意見をもっている人間の言うことは、たとえ反対でも参考にする点が非常に多い。むしろ、意見のない人間はいらないのだ。会議で発言しない人間には「二度と出なくていい」と言うくらいがいい。

そんなにいろいろ意見をみんなが言えば、決まらないではないかと思うかもしれないが、実は、結局決めるのは決定権者一人なのだ。

◉個人が決定権をもつ仕組みがなくなった

アメリカと日本のシステムの両方に住んでみて、一番の違いとして感じるのは、日本には「自分が決定者である」という立場になりたがらない人が多いということだ。

「個人が決定権をもつ」という概念が、考え方としても、社会の仕組みにおいても失われてしまっているように思える。「実は、あなたの意見に賛成なのだけど、でも、規則がこうなっているので」などと、自分で決定した形にはしない。かつてプロ野球で、判定を巡って監督から抗議が出た時に、二出川延明審判が「俺がルールブックだ」と退けた有名なエピソードがあった。そういう気概と信念をもてるのはオーナー社長くらいだろうか。

一方、アメリカ人は「私が決める」「原則はああだが、私がこう決定したのだ」と言いたがる人が多い。陰に陽に「俺が実力者なのだ」と自分を誇示したがる。競争原理が働く社会なので、自分をはっきりと主張することが生存競争に打ち勝つ知恵なのだとも言えるだろう。

◉なぜ日本人は決定したがらないのか?

臨床心理学者の河合隼雄さんは、「英語では、一人称単数は『I(アイ)』しかないが、どんな場合でも『I』を使うのは個人が優先されているからである。一方、日本語では、『私』『僕』『俺』とかいろいろ使い分ける。それは、『場』が優先されているからである」というようなことを言われている。

つまり、その場にそぐわないことが、非常に危険視される。「出る杭《くい》は打たれる」という。そういう伝統があると、変えるのが大変で、一旦決まったら、今から変えたいと思っても、また同じプロセスを通さないといけない。もういいやということになる。

アメリカでは、大学でも学長、学部長、研究所長、学科長と決定権が地位によって非常に明白になっている。上のポストの人が決定すれば、不満な決定には日本以上に抗議したりするが、その人が決めたこと自体は問題にならない。しかし、決定する人が間違った決定をしたり、その結果、大学の評判が悪くなったりすると、「辞めてください」と責任をとらされることになるのである。

例えば、新しく教官を採用する場合には、学科長や研究所長に一義的な決定権がある。まず、候補者が一日とか二日来て、講演をするとともに学科長、教官、学生に会う。講演をきいた人、面接した人、論文を読んだ人が「どうだったか」という意見を採用委員会に送る。「よかった」、「あんな人はダメだ」、「あれだったらこっちの人のほうがいい」とか、意見はどんなレベルの人でも言っていいのだ。学生ですらも自分の意見を積極的に言う。採用委員会はそれらを集約し、議論し、結果を学科長や研究所長に勧告として報告する。

意見を言うのは構わないが、それを見て最終的に誰を雇うかの決定をするのは学科長である。もちろん、組織だから、学科長や研究所長は下部の意見を無視して決めることは普通はしない。しかし、自分が見つけてきたり、特別のルートでやってきた候補者をあっと言う間に雇ったりすることもある。

日本ではどうだろうか。「決定権者」という概念が薄いので、大勢の人に意見を言わせてしまうと、ややこしいことになる。だから、みんなが知らないうちに誰ともなく、委員会で決定してしまおうということになる。誰が決めたかという情報公開がないので、不平や不満が広く蔓《まん》延《えん》することになる。無責任の横行も招きやすい。

評価の基本は決断力である。難しいことではない。一人一人が、自分が決断するという勇気をもてばいいのだ。それが、社会の閉塞感を薄れさせる第一歩である。

◉アメリカの役人は「私がやった」というラベルをつけたがる

こんなエピソードがある。一九九〇年代の初めころ、日本の通産省（今の経済産業省）に「情報プロジェクト政策」について、アメリカのある調査団が来日した。私も調査団の一員として同行した。当時、情報大型プロジェクトが六〇年代から始まり、九〇年ぐらいまで続いていた。一つが十年ほどの期間のプロジェクトで、それがいくつもあった。聞くと、「全部で二六のプロジェクトがあった」と言う。調査団の一人が、

「二六のうち、計画時から計画終了まで続いたのはいくつあるのか」

と聞いたところ、通産省の役人が、

「二六」

と返答した。えっ、通訳が聞き違えたのではと、彼はもう一度尋ねた。やはり二六で、間違いではない。

当時はバブルがはじける前の「日本はすごい」の時代だったから、調査団では、

「これは素晴らしい。日本では一旦始めたプロジェクトは最後まで完遂する。長期的な視野でものを考えられるということだ。レポートでそう報告しよう」

ということになった。私は、

「いや、これは必ずしも長期的な視野というだけではない。やめるにやめられなかったのだ」と言ったのだが、誰も信用しない。彼らにすれば、役人が代わって、前からのプロジェクトを十年にもわたってそのまま引き継ぐということは考えられなかったのである。

アメリカでは、担当の役人が代わると計画が変更されるというのは、日常茶飯事のことである。と言うのは、前任の担当者が決めたことを、そのまま受け継いで成功に導いても、辞める時に「お前は在任中に何をやったのだ」といわれたら、「何もない」ということになってしまう。

私が関係するプロジェクトでも、ほとんどのプロジェクトマネージャーは、その仕事につくとすぐに、存在しているプロジェクトについて、その継続の是非を検討するため、現状を見にやってくる。いろいろなところに聞き回り、「あれはダメだ」ということになると、「これは中止、私はあれを新しく始める」と言う。

つまり、「私がやった」「私が始めた」というラベルをつけたがるのだ。在任中に、何をしたかが重要であり、その後の経歴に影響するのである。

一方、日本の場合は、そういう意味では消極的で、特に役人は「あいつで終わった」というほうが問題になるらしい。だから、やめられない。そうなると「前例がある」ことが基準になり、失敗を恐れずに挑戦する人は生き残れない。

なにも、アメリカ流に何でもご破算にするのがよい、と言っているのではない。プロジェクト継続の可否に関してのヒアリングのコストだけでも大変なもので、われわれはうんざりする。なかには随分よいプロジェクトであるのに、その役人の個人的とも言える考えで取り止めになったりして、憤慨する時もある。

ただ、

「俺が見直すのだ」

「俺の考えで、今まで進まなかったものをやめるか、進めてみせる」

という発想はすごいではないか。ＤＡＲＰＡのプロジェクトマネージャーに、お前の仕事は一言で言うとなんだときいたら、

「人々ができないと思っていたことをできるようにする仕事だ」

と言う。この気概は見習うところがある。

おわりに——楽しく問題解決を

◉ものの本質を考える

この本のスローガンは「素人発想、玄人実行——すなおに考え、緻密に実行する」である。発想の段階においては、「どんなことができるだろうか」「どんなことを人は欲しているんだろうか」というように、余計なことを考えないで、すなおにアマチュア的・直截的に考える。そして、一旦やるとなれば、妥協を許さない、厳密で細心、プロ的・徹底的に突き詰める仕事をする、ということである。

すなおにアイデアを考えると、「それが本当なら、この場合はどうだ、あの場合はどうだ」と、自分であるいは他人と一緒に試し、議論してみることをいとわなくなる。それを知的ゲームとして楽しむ余裕ができる。

そういう知的ゲームを楽しむ習慣ができると、世界の中で受け入れられている常識を疑ってみる。すると時に、ものの本質が見える。日々の習慣を再考し、よくするということができる。

さらに、真実をつく気の利いたジョークや洒落《しやれ》た話を作ることができる。この本の中でも、一流とされる人たちのそういうちょっと変わったエピソードや、言説も紹介してきた。

しかし、そういった話を物事をななめに見る、皮肉な目で見るというふうにとらえることと混同するべきではない。あくまでも単純ですなお、真摯な発想がもとなのだ。

◉中国人学生の熱意

昨年、マイクロソフト社の招きで、北京での「二十一世紀計算科学」という五人の講演者によるシンポジウムに招かれて話をした。私以外の講演者は私などはその末席につらなるような立派な方々だったせいか、会場の北京大学講堂は二〇〇〇人ほどの学生で満員であった。

彼らは講演をきわめて注意深く聞いていて、反応する。講演者が質問を発するとそれに答える。ジョークを出せばタイミングよく笑う。会場全体が講演者と一体になろうとしているのがわかる。質問時間になると、彼らはマイクの前に列をなして質問する。皆、立派な英語をしゃべる。技術的な質問だけでなく、「〇〇教授、あなたのようなコンピュータ科学における重要な研究をするには、学生時代にはどんな勉強をすべきか」といったことをまじめに質問する。日本では、こんな質問は小中学生はするかもしれないが、大学生や大学院生になると、もうしらけてしまって、まずしない。

その後、マイクロソフト社の中国研究所を訪ねた。いろいろな大学の修士レベルの学生が常駐して研究している。かれらの席に近づくと、次々に「私はこんな研究をしています」と目を輝かして、説明してくれる。しかも、実によく勉強している。「僕もそういうことをやっているよ」というと、「知っています。あなたの論文を読みました。あなたのものより、この点がいいと思います」などと、はっきり言う。

私はこれらに正直感嘆した。何よりもそのすなおな考え方、学びたい向上したいという熱意とエネルギーに。こういう問題解決に対する熱意を育てる、それが教育だと思った。

◉「プロフェッサー・カナデ、あなたは楽しんでるね」

カリフォルニア大学サンフランシスコ校のP・エックマン教授は人の顔の表情に関する研究やダーウィンの研究などで有名な心理学の権威である。「笑う、悲しむ、怒る」といった大まかな表現でなく、顔の表情をつくる個々の筋肉の動きに対応するユニットを定義して、それで表情を表現するFACSとよばれる符号を定義した。ちなみに、エックマン教授は顔のすべての筋肉をそれぞれ別々に動かせる特技をもっているそうである。

私も、博士論文の対象は顔の自動認識だったし、その後も顔の自動検出、表情解析として自動的にFACS符号化するプログラムなどを手がけているので、エックマン教授とは知り合いになった。

彼が、私の研究室に訪ねてきた時、自動運転車、自律ヘリコプター、アイビジョン、顔の認識、仮想化現実など私のプロジェクトを説明した。彼が言う。

「プロフェッサー・カナデ、あなたは楽しんでるね。自分は、いつも研究をいわば遊びとしてやってきたし、人も私のことをそういう。しかし、あなたには負けた。あなたはただただ楽しんでいるようだ」

その後も、同じようなことを何度か言われたことがある。私自身ははっきりそう思ったことはなかったのだが、どうもそうらしい。結局、研究とはそんなもので、それがよかったのかもしれない。

してみると、この本が、私がアメリカで楽しんでやってきたロボット研究における問題解決のさまざまなエピソードを楽しく紹介し、時には多少の役に立つ警句として、まとめられておれば幸いである。

〈著者略歴〉
金出武雄（かなで　たけお）
カーネギーメロン大学教授——U.A.and Helen Whitaker 記念全学教授という大学を代表する特別な称号を与えられている。ロボティクス研究所前所長。1945年、兵庫県生まれ。京都大学工学部電子工学科、同大学院博士課程修了。工学博士。同大学情報工学科助手、助教授を経て、80年アメリカのカーネギーメロン大学にロボット工学研究所発足を機に招聘される。92年～2001年同研究所所長。世界最大のロボット研究所に育てる。アメリカ大陸自動運転横断ロボット車“NAVLAV”、新しい3次元画像メディア“仮想化現実”、スーパーボウルで使われたアイビジョンシステムなどの先進研究開発を担当し、その中心的役割を担う。米国国家研究評議会航空エンジニアリング委員会委員、NASA 先端技術諮問委員など歴任。97年、アメリカ工学アカデミー特別会員に日本人として最年少で選ばれる。2001年から独立法人産業技術総合研究所においてデジタルヒューマンラボ（現、研究センター）を設立、非常勤センター長を務める。C＆C賞、エンゲルバーガー賞など受賞多数。人工知能、コンピュータビジョン、ロボット工学の世界的権威であり、今、最も注目されている学者である。

素人のように考え、玄人として実行する
問題解決のメタ技術

2003年6月23日　第1版第1刷発行
2004年5月12日　第1版第5刷発行

著　者　金出武雄
発行者　江口克彦
発行所　PHP研究所
東京本部　〒102-8331　千代田区三番町3番地10
文芸出版部　☎03-3239-6256
普及一部　☎03-3239-6233
京都本部　〒601-8411　京都市南区西九条北ノ内町11
PHP INTERFACE　http://www.php.co.jp/

制作協力
組　版　PHPエディターズ・グループ
印刷所
製本所　図書印刷株式会社

ISBN4-569-62457-X